Palestina, literatura y memoria

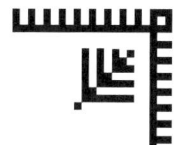

Palestina, literatura y memoria

Reflexiones de Ibrahim Nasrallah

Edicions

Palestina
en paraules

Universitat de Barcelona. Datos catalográficos

Nasrallah, Ibrahim, autor, entrevistat

Palestina, literatura y memoria : reflexiones de Ibrahim Nasrallah. – (Palestina en paraules)

Text en castellà i àrab

ISBN 978-84-1050-213-0

I. Títol II. Col·lecció: Palestina en paraules
1. Literatura palestina   2. Memoria històrica   3. Novel·la històrica   4. Palestina
5. Entrevistes

Mònica Rius Piniés, directora

Comité científico: Clarisa Danae Fonseca Azuara, Hanan Jasim Khammas, Abdallah Tagourramt El Kbaich, Dana Dhailieh

Con la colaboración de ADHUC - Centre de Recerca Teoria, Gènere, Sexualitat de la Universitat de Barcelona

© Edicions de la Universitat de Barcelona
  Adolf Florensa, s/n
  08028 Barcelona
  Tel.: 934 035 430
  www.edicions.ub.edu
  comercial.edicions@ub.edu

ISBN: 978-84-1050-213-0
Dipósito legal: B 15036-2025
Impresión y encuadernación: Gráficas Rey

Ilustración de la cubierta: *Las montañas auténticas de Jerusalén* (2022), de Zaid Ayasa.
Fotografía de Ibrahim Nasrallah: Mona Darwazeh
Fotografía de Zaid Ayasa: Ahmad Jarrar
Ilustraciones del interior: *Parte de Ramala* (2020) y *Bienvenidos a Jerusalén* (2019), de Zaid Ayasa
Traducción de la entrevista: Clarisa Danae Fonseca Azuara, Hanan Jasim Khammas, Mònica Rius Piniés y Abdallah Tagourramt El Kbaich
Traducción del poema: Luz Gómez

Sumario

Introducción

«Los palestinos han demostrado su capacidad para escribir su propia historia», sostiene Ibrahim Nasrallah cuando reflexiona sobre la famosa frase «La historia la escriben los vencedores». Esta idea refleja una realidad que ha quedado patente a través de la integración de la memoria y la historia en su obra literaria. El nombre de Ibrahim Nasrallah surge de inmediato al hablar sobre la literatura palestina. Este escritor destaca como uno de los grandes innovadores en el ámbito de la literatura árabe por su contribución significativa a la canonización y renovación del campo literario, influenciado en gran medida por su propia trayectoria.

Desde muy joven, Ibrahim Nasrallah mostró su talento como escritor al comenzar a escribir poemas en 1968, cuando solo tenía catorce años. A pesar de la incredulidad de sus profesores sobre la autoría de sus primeros versos, esto solo lo convenció aún más de su vocación literaria. Pasó su infancia y juventud en el campo de refugiados palestinos de Alwehdat, y cursó sus estudios básicos en escuelas de la Agencia de Naciones Unidas para los Refugiados de Palestina en Oriente Próximo (UNRWA) en Amán (Jordania), después de que su familia fuera expulsada de Burej, una aldea cercana a Jerusalén destruida durante la Nakba en 1948.

Antes de dedicarse completamente a la escritura, Nasrallah trabajó como profesor en Arabia Saudí y como periodista en Amán. También fue director de Darat al Funun, una destacada institución artística y punto de encuentro para artistas visuales árabes contemporáneos. Además de escritor, Nasrallah es también artista visual y fotógrafo, y ha exhibido parte de su obra en cuatro exposiciones. Para él, la pintura y la fotografía no solo se complementan, sino que también potencian su escritura, creando una simbiosis entre la palabra y la imagen.

Su trayectoria artística se extiende a lo largo de cuatro décadas, periodo durante el cual su escritura ha experimentado una notable evolución, que refleja al mismo tiempo su crecimiento como autor y las diferentes etapas políticas de la historia palestina posterior a la Nakba. Ibrahim Nasrallah ha publicado, hasta la fecha, quince poemarios y veintiséis novelas, entre las que destaca su ambicioso proyecto épico «*Al-malḥāt al-filastīniyya*» ('La comedia palestina').[1] Esta obra monumental abarca doscientos cincuenta años de la historia moderna de Palestina y se ha consolidado como una contribución literaria de gran importancia.[2]

---

1. «*Al-malḥāt al-filastīniyya*» ('La comedia palestina') es una obra compuesta por dieciséis novelas distribuidas en tres partes principales. La primera parte incluye *Qanādīl malik al-ŷalīl* ('Las lámparas del rey de Galilea'), *Zaman al-juyūl al-bayḍā'* (*El tiempo de los caballos blancos*), *Ṭifl al-mimḥāt* ('El niño del borrador'), *Al-amwāŷ al-barriyya* ('Las olas terrestres'), *Ṭuyūr al-ḥaḏar* ('Los pájaros cautelosos'), *Zaytūn al-šawāriʿ* ('Los olivos de las calles'), *Aʿrās Āmina* ('Las bodas de Amina'), *Muŷarrad 2 faqaṭ* ('Solamente 2'), *Taḥta šams al-ḍuḥā* ('Bajo el sol del alba') y *Arwāḥ Kilimanŷāru* ('Los espíritus del Kilimanjaro'). La segunda parte, conocida como la «*Tulātiyyat al-aŷrās*» ('La trilogía de las campanas'), consta de *Ẓilāl al-mafātīḥ* ('Las sombras de las llaves'), *Sīrat al-ʿayn* ('Biografía del ojo') y *Dabbāba taḥta šaŷarat ʿīd al-mīlād* ('Un tanque bajo el árbol de Navidad'). Finalmente, se completa con tres novelas más: *Ṭufūlatī ḥattā al-ān* ('Mi infancia hasta ahora'), *Šams al-yawm al-tāmin* ('El sol del octavo día') y *Maṣāʾid al-riyāḥ* ('Las trampas del viento').

2. El término «comedia» aquí hace referencia a la estructura de *La divina comedia* de Dante. La comedia en la Edad Media era un género narrativo que empezaba en un contexto oscuro y bajo que se elevaba progresivamente hacia la luz, o un estado mejor de la situación narrada. En el caso de Dante, *La divina comedia* empieza en el infierno y acaba

Nasrallah se erige como uno de los artistas más destacados de su generación, entre los que se cuentan Liana Badr, Suad Amiry y Raja Shehadeh. Su trayectoria artística y literaria ha sido reconocida con once premios de prestigio internacional, entre los que se incluyen el premio de la novela árabe, conocido como el «Booker árabe», en 2018, y el Premio Cultural Sultán Ben Ali Al-Owais, en 1997. Su novela *Tierra de fiebres* (1985) fue seleccionada por el periódico *The Guardian* como una de las diez obras más significativas en el ámbito de la literatura árabe. Además, en 2012, recibió el primer Premio Jerusalén de Cultura y Creatividad por su destacada contribución a la literatura, y su obra *Arwāḥ Kilimanŷāru* ('Los espíritus del Kilimanjaro', 2015) fue merecedora del Premio Katara de novela árabe en 2016. Asimismo, Ibrahim Nasrallah fue galardonado con el Premio Internacional de Literatura Neustadt, conocido como el «Nobel estadounidense» (2025).

El texto que se presenta a continuación, *Palestina, literatura y memoria*, es al mismo tiempo un diálogo y una reflexión del escritor con dos públicos: la comunidad universitaria y la comunidad palestina en Cataluña. Es un diálogo que nos presenta una perspectiva tanto literaria como personal de Ibrahim Nasrallah, de una forma fresca y que comprende los diversos aspectos de su personalidad.

Además, esta es la versión en castellano de una edición bilingüe, concebida para mantener el diálogo en la lengua original y, al mismo

---

en el paraíso. De la misma manera, en «*Al-malḥāt al-filastīniyya*» ('La comedia palestina'), el proyecto empieza por *Muŷarrad 2 faqaṭ* ('Solamente 2'), una novela que narra la época actual de la historia de la aniquilación del pueblo palestino y acaba con *Qanādīl malik al-ŷalīl* ('Las lámparas del rey de Galilea'), donde la narración revela los orígenes de la identidad palestina, que llegan hasta finales del siglo XVII. De esta manera, Nasrallah escribe una versión de la historia del pueblo palestino que trasciende la oscuridad de su historia contemporánea, hasta llegar a la luminosa verdad de sus orígenes.

tiempo, traducir sus palabras. Hasta ahora, dos de sus obras se han traducido al castellano: *Tierra de fiebres* y *El tiempo de los caballos blancos*.[3] En cuanto a las traducciones de sus obras a otras lenguas, cabe destacar que el autor es un fenómeno cultural cuya popularidad ha superado el interés de académicos y críticos literarios. Aun así, todavía queda mucho por traducir de su prolífica obra literaria.

Hasta el momento, su obra se ha traducido a cuarenta y seis idiomas diferentes. Cinco de sus novelas[4] y dos volúmenes de poesía[5] han sido traducidos al inglés, mientras que cuatro de sus novelas y tres de sus poemarios se han traducido al italiano. También se ha traducido una obra suya al danés y otra al turco.

El encuentro en la Universidad de Barcelona se llevó a cabo en el contexto del primer viaje de Nasrallah al Estado español. El propósito principal de esta visita era presentar su obra *El tiempo de los caballos blancos*, que había sido traducida por primera vez al castellano. Este encuentro coincidió con la semana del 29 de noviembre, fecha en la que se conmemora la aprobación del plan de partición de Palestina de 1947, reconocido por las Naciones Unidas treinta años después como el Día Internacional de Solidaridad con Palestina. Este plan otorgó el 56% de la Palestina histórica a los colonos sionistas para la creación del Estado de Israel, legitimando así la Nakba de 1948. Es importante recordar que los palestinos no tuvieron voz en esta decisión,

---

3. *El tiempo de los caballos blancos* (2023), Universo de Letras, traducida por Moayad Sharab, y *Tierra de fiebres* (2023), Editorial Verbum, traducida por Victoria Khraiche Ruiz-Zorrilla y Luis Miguel Cañada.

4. *Prairies of Fever* (1993), *Safe Weddings* (2004), *Under the Midmorning Sun* (2004), *Inside the Night* (2007) y *Time of White Horses* (2007).

5. *The Rain Inside* (2009) e *In the Name of the Mother and the Son* (2010).

tomada en un momento en el que gran parte del mundo aún estaba bajo dominio colonial.

El viaje de Nasrallah coincidió con un momento en el que la atención mundial se centraba en Gaza y el genocidio que estaba sufriendo a manos de Israel. Durante su visita a diversas ciudades del Estado español, la prensa que lo entrevistó lo instó para que se pronunciara sobre la situación en Palestina, y específicamente le pidió que condenara los acontecimientos del 7 de octubre de 2023. Ante estas preguntas insistentes, el escritor recordó a los periodistas que, veinte años atrás, había escrito *A'rās Āmina* ('Las bodas de Amina'), una obra que reflejaba las mismas atrocidades que se continúan viviendo en este momento. Nasrallah remarcó que el asedio, las masacres y la limpieza étnica perpetrados por el ejército de ocupación israelí no son algo nuevo, sino tragedias que se arrastran desde hace décadas.

Por nuestra parte, le propusimos un encuentro centrado en la presentación de su obra y en un diálogo enfocado en lo literario. Durante el desarrollo de la sesión, Ibrahim Nasrallah abordó tres temas fundamentales: el género literario de la novela, la relación entre memoria e historia y los procesos creativos que hay detrás de la construcción de una obra literaria. Quienes lean las siguientes páginas se sumergirán en las reflexiones de Nasrallah sobre la creación de novelas históricas, el papel de las novelas autobiográficas, así como la dimensión humana y universal de este género literario. Además, el autor destaca la importancia de la novela como portadora de memoria en el contexto palestino y su capacidad para conectar tanto con el pasado como con el futuro.

El punto de partida del encuentro fue su obra *El tiempo de los caballos blancos*, que lleva el subtítulo de *La Ilíada palestina* (2007). Este trabajo ha sido descrito por la crítica como «la novela que faltaba en la literatura palestina». Abarca casi setenta y cinco años de historia (desde 1875 hasta 1948), y se centra en un pequeño pueblo palestino cerca de Jerusalén. Durante este periodo, el pueblo fue ocupado sucesivamente por el Imperio otomano, el británico y, en última instancia, Israel, culminando con la Nakba. Con treinta ediciones y traducida a siete lenguas, esta obra figura entre las novelas más vendidas de la literatura árabe contemporánea.

Para escribir *El tiempo de los caballos blancos*, así como todas las obras de su proyecto «*Al-malḥāt al-filasṭīniyya*» ('La comedia palestina'), el autor recopiló testimonios de varias familias palestinas que fueron expulsadas durante la Nakba. Aunque esta novela estaba destinada a ser la primera de la serie, terminó siendo la última, debido a la ampliación constante del material histórico que alimentaba su proceso creativo. De este modo, Ibrahim Nasrallah desempeña múltiples roles en el escenario cultural palestino: además de ser poeta y novelista, también actúa como historiador de la memoria olvidada al recopilar testimonios e incorporarlos en sus obras. En este sentido, se convierte en una suerte de tejedor de la memoria colectiva que reconstruye la narrativa de la nación palestina como un arquitecto que da forma a su historia.

En esta compleja relación entre historia y memoria, es crucial no perder de vista las voces que se recogen, especialmente en *El tiempo de los caballos blancos*. En esta novela, la historia palestina se narra a través de la perspectiva de los campesinos, los *fallah*, que se han convertido en un símbolo emblemático del auténtico espíritu palestino, sobre todo después de la Nakba. Sin embargo, los campesinos y la aldea que dibuja Nasrallah en sus relatos no responden a una imagen estereotipada o idealizada de un pasado que fue mejor. Por el contrario, el autor ofrece un retrato complejo que abarca tanto los aspectos culturales de la aldea como los más realistas, representando así la experiencia nacional palestina. A lo largo del relato se ilustran la tristeza y la pérdida de manera persistente, y estas sensaciones se intensifican hacia el final de la obra. El objetivo, sin embargo, no es una evocación nostálgica de un pasado perdido, sino la recuperación de los detalles olvidados del lugar, lo que constituye un ejercicio profundo de memoria histórica.

Este ejercicio es de vital importancia, en especial si consideramos que la memoria y la cultura son elementos de particular relevancia para el pueblo palestino, que vive bajo la amenaza constante de ser borrado de la historia. Como afirman Ahmad H. Saadi y Lila Abu-Lughod en su libro sobre la Nakba, la memoria palestina es «una de las pocas armas disponibles para aquellos contra quienes se ha vuelto la marea de la historia».[6] La memoria de los lugares, las personas y las tradiciones se convierte así en una herramienta fundamental para establecer una narrativa propia, que se vive y se preserva cada día y se transmite de generación en generación.

A través de su obra artística, Ibrahim Nasrallah contribuye activamente a esta tarea de creación narrativa, mientras continúa explorando los recuerdos abandonados que han dejado las cicatrices de la Nakba. Como él mismo asegura, escribe sobre las catástrofes para impedir que vuelvan a ocurrir.

CLARISA DANAE FONSECA AZUARA

6. SAADI, A. H.; ABU-LUGHOD, Lila (2017). *Nakba: Palestina, 1948, y los reclamos de la memoria*, traducción de Esther Silvia San Ildefonso, Buenos Aires, Canaán, p. 39.

Reflexiones
de Ibrahim
Nasrallah

¿Cuáles son los desafíos de escribir una novela histórica como *El tiempo de los caballos blancos*? ¿Podría darnos más detalles sobre la aldea de la novela?

Escribir una novela histórica es, sin duda, un desafío. No se trata solo de relatar hechos, sino de emprender un viaje en el tiempo hacia otra época, otro lugar y otro modo de vida. Cuando lees historia para escribir sobre ella, puedes encontrar frases como: «En tal año ocurrió una guerra» (en 1720, por ejemplo). Sin embargo, nadie te dice qué sucedió realmente en esa contienda. No se cuenta cómo venció un bando ni cómo fue derrotado el otro. Se mencionan nombres de líderes y comandantes, pero no sabemos nada de ellos: no conocemos la relación que tenían con sus esposas, sus hijos o sus amigos. Nadie nos dice qué palabras dirigieron a sus soldados antes de la batalla. Por eso, al escribir, la historia es como un esqueleto que hay que cubrir con carne y al que hay que dar alma y emociones. Escribir *El tiempo de los caballos blancos* fue un poco más sencillo que escribir *Qanādīl malik al-ŷalīl* ('Las lámparas del rey de Galilea'). En la primera obra, aún había testigos que vivieron antes de la Nakba, personas a las que se podía escuchar y con las que se podía hablar, sobre todo porque mi propia familia, mis padres e incluso mis abuelos estaban presentes. En cambio, para una novela como *Qanādīl malik al-ŷalīl* ('Las lámparas del rey de Galilea') no hay ningún ser vivo con quien puedas conversar y preguntarle qué ocurrió realmente, lo que supone un gran reto. Zahir al-Omar construyó el Estado palestino sobre el terreno en el siglo XVIII. Por eso, cuando escribes sobre ello, es necesario que quien lea sienta y vea ese proceso de construcción. Si no logra verlo en la narración, la novela no le convencerá. Pero escribir una novela histórica no significa tan solo repetir lo que han escrito los historiadores. A veces es necesario debatir con ellos y plantear una visión propia de la época. Debemos saber y recordar que en la actualidad la historia está siendo manipulada en tiempo real frente a nuestros ojos. ¿Cómo serían los historiadores del siglo XVII o XVIII, o incluso los de épocas anteriores? Por eso, en muchos casos, la novela puede entrar en contradicción con la historia establecida. Cuando eso ocurre, en realidad se está contradiciendo a los historiadores y a los libros de historia existentes. En resumen, considero que la novela histórica es una tesis en sí misma, pues requiere de una profunda investigación previa. Es un proceso de documentación exhaustivo, y soy consciente de que, una vez publicada, la novela estará en manos de muchos historiadores. En una tesis doctoral, por ejemplo, hay cinco académicos que la debaten contigo antes de decidir si la aprueban o no. En cambio, en una novela, son decenas de miles los que la discuten.

A veces, los historiadores confían totalmente en los libros que han leído sobre historia. Me ocurrió con *Qanādīl malik al-ŷalīl* ('Las lámparas del rey de Galilea'), una novela que considero verdaderamente histórica. Algunos profesores de historia me dijeron que el Zahir al-Omar que retraté no se correspondía con la figura histórica que ellos conocían. Cuando les pregunté: «¿Cómo era entonces Zahir al-Omar?» no supieron responderme. Por ello, al escribir historia, uno debe tener una confianza absoluta en lo que está escribiendo. Es necesario investigar mucho y, en ocasiones, una novela necesita su propia biblioteca. Alguien puede tener un hijo, verlo crecer, enviarlo a la escuela y luego a la universidad hasta que obtiene un máster a los veintidós años. Pero a mí me llevó veintidós años preparar y escribir *El tiempo de los caballos blancos*. La aldea de la novela está inspirada en mi propio pueblo en Palestina, que fue destruido en 1948 y completamente borrado del mapa. En ella se reflejan muchas de las historias de mi aldea, pero entiendo que una sola aldea no puede representar a toda Palestina. Por eso, la novela recoge relatos y detalles de muchas otras aldeas. Así, decidí cambiar el nombre del pueblo y crear una aldea ficticia llamada Al-Hadiyah. Este pueblo no existe en la realidad, pero en la obra simboliza a Palestina en su conjunto y carga con todos sus problemas, ya sean históricos, humanitarios o culturales. Es cierto que dediqué veintidós años de mi vida a esta novela, pero sentí como si hubiera vivido setenta y cinco años que no había experimentado antes. Tal vez esa sea la recompensa que a veces recibe un escritor: entrega su vida a la novela, pero la novela le devuelve otra vida. En ocasiones siento que tengo quinientos años.

Los símbolos en el contexto palestino tienen una gran importancia. ¿Cuáles son los símbolos que aparecen en sus obras?

En primer lugar, el escritor debe escribir de manera que el lector sienta que lo que está leyendo es real. Cuanto más realista sea una obra, más significados simbólicos es posible que tenga. En cambio, si alguien empieza a escribir con la intención de construir una novela basada tan solo en símbolos, creo que esa obra no llegará al lector. Personalmente, detesto la literalidad de los símbolos. A menudo se dice que el pájaro representa la libertad o que el caballo simboliza la libertad… No. El caballo es mucho más que eso y los pájaros son mucho más que eso. Los pájaros son pájaros y los caballos son caballos. Creo que el escritor escribe, pero es el lector quien anhela encontrar los significados simbólicos que ya existen dentro de él. Cuanto más capaz sea una obra de sugerir y evocar —y digo evocar, no simbolizar—, más podrá el lector descubrir nuevas dimensiones en ella. Lo peor que puede hacer un escritor es explicar o descifrar la simbología de su obra; creo que en este caso estaría matando la novela. La obra literaria es, por naturaleza, un acto democrático, y el escritor debe ser democrático. Si un autor dijera: «Este elemento de mi obra significa exactamente esto», entonces se convertiría en un dictador, porque le estaría diciendo a la gente: «Solo pueden interpretar mi libro de la manera en que yo lo he concebido». Y eso no puede ser justo. Me gusta el escritor Samuel Beckett. Cuando le preguntaban por el significado de su obra *Esperando a Godot*, que es una pieza absurda, compleja y difícil de explicar, respondía: «Si lo supiera, se lo diría».

Pero como escritores no podemos explicarlo todo. Si yo interpretara una obra como *El tiempo de los caballos blancos* sería como si la ejecutara. Hay un gran número de tesis de maestría y doctorado sobre parte de las obras de «*Al-malhāt al-filastīniyya*» ('La comedia palestina'). Lo más significativo es que, cuando un nuevo estudiante de doctorado lee las investigaciones previas sobre estas obras, diga: «No, hay aspectos nuevos que no han descubierto todavía». Y la primera pregunta que le hace su directora o su director de tesis es: «Mucha gente ha escrito sobre estas novelas, ¿tú qué es lo que quieres aportar?». Si propone una nueva idea, le dice: «Adelante, empieza a trabajar». Esa es la democracia de la escritura en general. Quien escribe, de hecho, existe para defender la libertad, la justicia y todas las cosas hermosas, mientras que quien dictamina o gobierna de forma autoritaria existe para enterrar la justicia, asesinar la libertad y privarnos de todo lo bello. Los escritores dictatoriales son los únicos que se alinean con el poder. Lo único que les queda a los pueblos son sus escritores democráticos.

Profesor Nasrallah, se sabe que usted es uno de los pocos escritores árabes con un proyecto novelístico claro y definido. Tiene dos proyectos, de hecho, «*Al-malḥāt al-filastīniyya*» ('La comedia palestina') y «*Al-šurufāt*» ('Los balcones'). ¿Cuáles son las motivaciones para desarrollar estos proyectos y cuál es su importancia?

Sinceramente, si en 1984, cuando comencé a escribir y a preparar *El tiempo de los caballos blancos*, me hubieran preguntado: «¿Se imagina que algún día existirá un proyecto para escribir una "comedia palestina"?», habría respondido que no, seguro. Solo me atreví a llamarlo «proyecto de comedia palestina» y a darle ese título a la serie, que reúne varias novelas, después de haber escrito cuatro. El proyecto «*Al-šurufāt*» ('Los balcones') siguió un proceso similar. Cuando se publicó el primer libro, *Šurfat al-hadayān* ('El balcón del delirio'), la prensa me preguntó: «¿Cuántas novelas espera escribir dentro de este proyecto?». Respondí: «Tres». Pero en realidad siempre hay que empezar, porque si no lo haces, no puedes saber hasta dónde puedes llegar. Después de que estos dos proyectos comenzaran a tomar forma —además del proyecto poético—, empecé a darme cuenta de que hay muchas épocas en la historia del pueblo palestino que necesitan otras novelas para expresarlas. Aunque mi primera intención fue escribir sobre el periodo que va desde 1917, con la entrada británica en Palestina, hasta el año de la Nakba, descubrí que la cuestión palestina es imposible de abarcar en una sola novela. También comprendí que el mundo es mucho más amplio y que es necesario implicarse e interesarse por todos sus problemas. Por muy palestino que seas, eres también un ser humano con una dimensión global. Lo que ocurre en este mundo te concierne, y debes ser parte de él y un defensor de su gente. Así nació el proyecto «*Al-šurufāt*» ('Los balcones'), como la otra cara de «*Al-malhāt al-filastīniyya*» ('La comedia palestina'). Considero, por tanto, que mi espacio de trabajo es toda la historia de la humanidad. En este contexto, dentro del proyecto «*Al-šurufāt*» ('Los balcones') habrá una novela sobre Adán y Eva, del mismo modo que *Ḥarb al-kalb al-ṯāniya* ('La segunda guerra del perro') trataba sobre el futuro de la humanidad.

¿Qué hay sobre el personaje de Khaled de *El tiempo de los caballos blancos*? ¿Es un personaje realista? ¿Cómo se relaciona con los demás personajes? Y, por otra parte, ¿existe la posibilidad de adaptar esta novela al cine?

Muchas veces leemos novelas que no nos gustan. Y cuando se lo decimos al autor, nos responde: «Pero es realista». No todo lo que es realista tiene por qué ser convincente, al menos en el arte. Por eso,

REFLEXIONES DE IBRAHIM NASRALLAH

yo pregunto: «¿Le ha gustado este personaje?», «¿Se alegró con sus alegrías y se entristeció con sus penas?». Creo que cualquier personaje o suceso que nos emociona al leerlo es realista. Cuando se dice que escribir es un acto de creación, se le otorga al escritor una gran oportunidad para dar vida a personajes en el papel. La novela es, en esencia, una de las formas artísticas más complejas. Por eso se habla del «mundo de la ficción»: es el escritor quien lo construye. En *El tiempo de los caballos blancos*, hay entre setenta y cien personajes. No es necesario que todos tengan un origen real. En ocasiones podemos crear un personaje a partir de un hecho simple. Si una persona realiza un acto de valentía en un momento determinado y ese gesto me impacta, puedo imaginarle otras diez acciones igualmente valientes. Porque sé que si se encontrara en esa situación haría tal cosa, y si estuviera en otra, actuaría de otra manera. Lo mismo ocurre con alguien egoísta, cobarde o avaro. No es imprescindible haber conocido a esa persona; basta con imaginarla en una circunstancia específica para captar su carácter y sus dimensiones. A veces hay personajes en los que nunca has pensado, y de repente aparecen mientras escribes, sin saber de dónde han surgido. Me ocurrió en la novela *Dabbāba taḥta šaŷarat ʿīd al-mīlād* ('Un tanque bajo el árbol de Navidad'), que trata sobre el papel cultural, nacional y civilizatorio de los cristianos palestinos. De pronto, apareció un personaje y sentí que dominaba todo su entorno. Es posible que esto suceda, al igual que podemos imaginar y dar forma a cosas que nunca hemos visto en la vida real.

Por supuesto, *El tiempo de los caballos blancos* sufre en el cine lo mismo que sufre Gaza en estos días: conspiraciones en su contra y cobardía a la hora de apoyarla. En realidad, los derechos de la novela fueron comprados por un gran productor y la iba a dirigir Hatem

Ali, el director de la serie *Al-taghrība al-filastīniyya* ('La diáspora palestina'), pero desde 2009 no hemos encontrado ninguna cadena árabe dispuesta a emitirla. Incluso una de ellas nos dijo: «Si cambian la ubicación de los hechos, es decir, si dejan de situarlos en Palestina y los trasladan a cualquier otro lugar, la produciremos de inmediato». Así que, sinceramente, no creo que la novela llegue al cine o la televisión en mucho tiempo.

¿Se puede considerar su último libro *Ṭufūlatī ḥattā al-ān* ('Mi infancia hasta ahora') como una autobiografía?

Creo que en todo proyecto novelístico hay desafíos para el escritor. Así como el autor de una novela histórica necesita investigar lo que está fuera de sí, el escritor de una novela autobiográfica debe buscar dentro de sí mismo para poder escribirla. La escritura histórica es un viaje hacia el exterior, mientras que la autobiográfica es un viaje hacia el interior. Para mí, *Ṭufūlatī ḥattā al-ān* ('Mi infancia hasta ahora') es un viaje interno, ya que aparezco en ella con mi propio nombre. Pero en lugar de escribirla como una autobiografía la escribí como una novela. Lo hice así para ser justo con todas las personas que amé, que me amaron y que influyeron en mi vida. Quería que estuvieran presentes desde el principio hasta el final del libro, a diferencia de la autobiografía, que se enfoca en un periodo de tiempo en el que aparecen ciertas personas y, al pasar a otra etapa, ya no menciona a quienes te marcaron en la anterior. Por eso, siento que la autobiografía borra personajes más de lo que los fija en la memoria. Creo que escribir una autobiografía contradice tanto la naturaleza humana como la lógica.

Puede que alguien con quien conviviste dos o siete años en tu infancia haya influido en tu vida más que una persona con la que después compartiste veinte años. Por esta razón, quise que todas las personas que formaron parte de mi vida fueran protagonistas de la novela, y no que el protagonista único fuera yo. Y así es como los lectores han interpretado a estos personajes: como protagonistas. Algunos me dicen: «La protagonista es la madre», otros: «El protagonista es el tío», y otros más: «La tía es la protagonista». Para mí, esto era fundamental. En cuanto al personaje de la amada en la novela, la mayoría de los lectores la consideran la protagonista principal, no a mí. A menudo me preguntan: «Si vamos a Amán, ¿podremos conocer a Noor?». O en los clubes de lectura me dicen: «¿Pueden venir contigo Noor y Hala?» o «¿Podemos tomar un café con ellas?». Pero nadie pide tomar un café conmigo. Y creo que eso es lo más hermoso que ha ocurrido con la novela, porque realmente le di a estos amigos y seres queridos el lugar destacado que merecen en la historia. Sin ellos no sería quien soy.

Precisamente en el periódico *Al-Quds Al-Arabi* se preguntaba: «¿Puede la escritura soportar tanto dolor?». Me gustaría devolverle la pregunta y reflexionar juntos sobre la dificultad de escribir sobre lo indescriptible. ¿Cómo se puede equilibrar la poética del lenguaje, que es una condición esencial de la literatura primigenia, con el proyecto visual de deshumanización que acompaña al genocidio?

Hace veinte años escribí una novela sobre Gaza titulada *A'rās Āmina* ('Las bodas de Amina'). En ella hay una frase que dice: «Necesitábamos corazones más grandes para contener tanto dolor». Y ahora siento que precisamos corazones aún más grandes para poder abarcar este sufrimiento. Desde una perspectiva humana y frente a la crudeza extrema de la escritura, siento que *A'rās Āmina* ('Las bodas de Amina') me salvó en muchos sentidos, porque fue escrita sobre Gaza antes de lo que está ocurriendo ahora. Un escritor es muy afortunado cuando escribe sobre un gran acontecimiento antes de que suceda, porque en este momento todos nos trabamos al intentar hablar sobre lo que está ocurriendo. El lenguaje pierde por completo su fuerza y empezamos a repetir palabras y frases extremadamente pobres. Asimismo, la escritura, al igual que nuestros corazones, necesita una gran dosis de valentía para que el lenguaje regrese al escritor y este pueda expresar lo que está acaeciendo ahora. Todos podemos decir palabras comunes, pero la escritura no es solo palabras comunes. Tal vez lo único que me reconforta en este momento es escuchar a muchos lectores que han vuelto a esta novela y me dicen que habla de la Gaza de hoy, de lo que está ocurriendo ahora.

La novela *A'rās Āmina* ('Las bodas de Amina') narra una parte de la historia de Gaza a través de la memoria de Amina. Háblenos sobre la importancia de la escritura desde la memoria de las mujeres.

Muchos amigos y amigas me consideran feminista porque en muchas de mis novelas las mujeres son las protagonistas absolutas. Y, sinceramente, las quiero más que a los protagonistas masculinos. Por ejemplo, considero que Najma, de *Qanādīl malik al-ŷalīl* ('Las lámparas del rey de Galilea'), es indispensable; sin ella, Zahir al-Omar, el protagonista de la novela, no habría podido existir. En *El tiempo de los caballos blancos,* siento un gran cariño por el personaje de Rihana. Siempre he percibido a la mujer como narradora, y esto también es parte de la justicia narrativa: darle su propio espacio para hablar, para que no sean solo los hombres quienes cuenten la historia. No creo que esto haya surgido únicamente de una toma de conciencia, sino también de la vida misma, porque crecí en un entorno donde la mujer era el motor principal de la familia, de los acontecimientos y de todos los detalles de mi infancia y, después, de mi vida adulta. En realidad, siento que fueron las mujeres quienes moldearon y profundizaron mi personalidad, más que los amigos cercanos, mi padre o cualquier otra figura. Además, a lo largo de mi vida, he percibido en ellas una conciencia que precedía a la de los hombres, una perspicacia única y una intuición extraordinaria para prever el carácter de las personas, mucho más que en los hombres. Por supuesto, no lo digo solo porque hoy haya más mujeres que hombres en la sala.

Me considero afortunada porque he podido asistir a varias de sus veladas culturales en Amán y ahora, en Barcelona, vuelvo a encontrarlo. Y también por haber leído la mayoría de sus novelas. Tengo dos preguntas. La primera es sobre la famosa frase histórica «La historia la escriben los vencedores». La segunda, ¿hasta qué punto puede la novela sustituir a los libros de historia y transmitir hechos e información que reconfiguren los relatos históricos?

Empezaré por la última pregunta. En primer lugar, estoy muy feliz de que la mayoría de los lectores sean jóvenes. Hace veinte años publiqué un libro con testimonios de varios novelistas y titulé el prólogo «Los novelistas son las últimas abuelas del mundo». El año pasado, durante una gira en el Líbano en la que pronuncié seis conferencias con motivo del cincuenta aniversario del asesinato de Ghassan Kanafani, me sorprendió escuchar a varios jóvenes decirme: «Mi abuela me regaló *Hombres en el sol*, de Ghassan Kanafani». Es decir, Kanafani se ha convertido en la abuela que ya no está para contarles las historias. Así, la novela se transforma en una nueva memoria, y tal vez eso sea lo más peligroso. Cuando leemos sobre un periodo histórico, nos involucramos emocionalmente con ese tiempo y, por lo tanto, no podemos olvidarlo, porque se vuelve parte de nuestro sentir, no solo de nuestro intelecto. Debemos reconocer que la novela ya no es solo una historia que ocurrió en un tiempo determinado, sino que también se basa en una investigación real. Es la propia historia la que debe empezar a temer a la novela. En este sentido, hoy el historiador debería temer al novelista, y esa, en mi opinión, es la gran fuerza de la literatura.

En cuanto a la frase «La historia la escriben los vencedores», los palestinos han demostrado que son capaces de escribir su propia historia. Tal vez este sea el mayor logro de la historia palestina moderna. Por eso, la literatura palestina se ha convertido en un pilar fundamental de la identidad palestina. Creo que esto es uno de los mayores logros del pueblo palestino. La líder sionista Golda Meir dijo una vez: «Si los palestinos fueran un pueblo, tendrían literatura». Por supuesto, mentía, como miente Netanyahu hoy. Los palestinos siempre han tenido literatura, incluso antes de la Nakba. En 1912, por ejemplo, en Palestina ya existía una compañía de ballet. El escritor egipcio Ibrahim Abdel Qader Al-Mazni, que visitó Palestina antes de 1948, afirmó: «Si Palestina no te reconoce como escritor, el mundo árabe tampoco lo hará». Por eso, este pueblo no ha sido derrotado en cien años: posee una cultura auténtica. Y cuando emergieron los grandes nombres de la literatura y el pensamiento palestinos, comenzaron a influir en el mundo. No surgieron de la nada, sino de un pueblo profundamente rico en cultura.

En su opinión, ¿cuál es la relación entre la escritura y la dictadura, si es que existe alguna?

El problema es que ya tenemos suficientes dictadores, incluso más de los que necesitamos. Las cadenas de televisión te dicen: «Quiero que pienses y creas en lo que te digo». Lo mismo ocurre con la radio y la prensa. Aquí me refiero a los países donde no hay democracia. El libro de texto escolar le dice al niño: «Piensa como quiero que pienses». Por eso, la escritura existe en contra de esta dictadura, y esa es su aportación más importante.

Como lectores, nos enfrentamos a las novelas como textos ya terminados y no conocemos el proceso de construcción y selección de los personajes. ¿Podría hablarnos sobre ello?

Hay que admitir que, en primer lugar, quien escribe el libro es el propio autor: las ideas son suyas y el lenguaje también. Sin embargo, cuando escribe, debe lograr que los personajes se muevan de manera completamente natural. Si el lector percibe la presencia del escritor dentro de la obra, comienza a dudar de los personajes y de los acontecimientos. Por eso, la escritura es la forma más compleja de la espontaneidad. A veces leemos una frase que ha dicho un personaje y sentimos que es imposible que su nivel de conciencia le lleve a expresarse de esa manera. En esos casos, nos damos cuenta de que el escritor ha impuesto esa frase a la fuerza. En realidad, el autor lo hace todo, pero el objetivo es que nunca sintamos su presencia mientras leemos. De hecho, creo que deberíamos olvidarnos por completo del escritor mientras estamos inmersos en la lectura. Si lo recordamos, olvidaremos a los personajes y, sin esto, no hay verdadera escritura.

¿Por qué hoy en día la escritura se ha vuelto más necesaria que nunca?

Creo que la escritura siempre ha sido necesaria, incluso en tiempos antiguos. Cuando leemos las epopeyas griegas, la *Epopeya de Gilgamesh* o el teatro griego, no sentimos que fueran importantes solo para los griegos de aquella época, sino que siguen siendo esenciales para nosotros hoy. Es una necesidad humana constante. Es interesante, y no digo extraño, que muchas ciencias, como la psicología, se hayan basado en novelas y obras de teatro para comprender al ser humano y nombrar ciertas enfermedades. En mi opinión, la novela abarca todas las ciencias actuales: psicología, sociología, política e incluso arqueología en algunos casos. Para escribir una novela, a veces necesitas ser un experto militar, conocer cada detalle que influye en los personajes. Por ejemplo, cuando lees a Radwa Ashour y experimentas Granada y los lugares sobre los que escribe, te das cuenta de que la novela es una herramienta poderosa para reinterpretar el pasado, revivirlo y sentirlo de nuevo. Del mismo modo, cuando

George Orwell escribió *1984* en 1948, estaba advirtiéndonos sobre lo que nos esperaba. Nos decía a los seres humanos cuál sería nuestro destino. Algunos pueden pensar que solo era ficción, pero yo digo que no. Cuando una dictadura comienza a consolidarse, rara vez retrocede; al contrario, se vuelve cada vez más sanguinaria con el tiempo. Orwell, al escribir su novela, sintió lo que estaba ocurriendo en el mundo y se preguntó: «Si esto sigue así, ¿adónde llegaremos?». La respuesta fue *1984*.

Existe una idea que afirma que cuanto más grande es la tragedia, más despierta y florece la literatura. ¿Hasta qué punto esta idea se aplica a la literatura palestina en general y a la producción literaria del profesor Ibrahim Nasrallah en particular?

Creo que la historia de la humanidad es una historia de tristezas. No existe una literatura de alegría absoluta; incluso la literatura satírica suele ser más trágica en el fondo. ¿Por qué escribimos sobre el sufrimiento? Lo hacemos para evitar que las catástrofes se repitan. A veces también escribimos porque hay quienes intentan borrar nuestra memoria. En mi opinión, la historia de la humanidad se basa más en la idea del borrado que en la construcción de una memoria hermosa y digna de la esencia humana. La escritura surge como una resistencia contra ese intento de eliminar la memoria. Sin memoria seríamos como personas en una unidad de cuidados intensivos, sin conciencia. Creo que todos los sistemas, incluso aquellos que se consideran democráticos, quieren que estemos sin memoria. Por eso la literatura y el arte en general son tan importantes.

¿Hay un momento específico en el que se sienta más inspirado que en otros?

Antes que nada, no creo del todo en la inspiración. Hay que trabajar mucho y vivir intensamente para que llegue la inspiración. No tiene una pista de aterrizaje como la de un helicóptero. Una mente que no ha vivido, experimentado, ni se ha esforzado necesita que le prepares un espacio adecuado en tu interior para que pueda surgir algo de ella. Algunas personas escriben un solo libro y su inspiración se agota porque solo se basaron en unas pocas experiencias de su vida. En cambio, hay quienes nunca dejan de crear en todas sus formas porque llevan la vida dentro de sí. Es decir, la escritura es cultura, es una vida que vives, es conocer a personas maravillosas y tener una imaginación que se expande en la medida en que realmente conoces el mundo.

Cuando una persona tiene un conocimiento limitado, su imaginación también lo es, ya que refleja el alcance de su saber. Hay que estar siempre atento a lo que ocurre a nuestro alrededor y dentro de nosotros. Lo único que debemos rechazar y dejar de lado es la rutina, porque todas las personas que nos rodean quieren que seamos completamente rutinarios. Creo que el ser humano empieza a morir cuando se vuelve rutinario.

Poema

María de Gaza

La paz de la tierra no es con nosotros
ni con mi hijo o el tuyo,
María le dijo a María...
Hermana de mi tierra y mis pasos sobre ella,
mi hermana de espíritu y oración
hermana del alba al clarear, de este aniquilamiento
y de la muerte y la vida que aún nos queden
La paz de la tierra no es con nosotros
Este cielo de ahí arriba
¿no nos ve?
¿O es que la cruz que cargamos a la espalda
por tantos campos de sangre amarga nos oculta?

La paz de la tierra no es con nosotros
La paz es con nuestros enemigos, Señor,
con los aviones y con la muerte descendiendo, la muerte
     ascendiendo,
la muerte hablando, mintiendo, bailando
Nada le basta
Ni nuestra sangre de luto
o nuestra sangre de fiesta
Ni nuestra sangre en el mar, el valle o la montaña

Ni nuestra sangre en el barro o la arena
Ni nuestra sangre en la respuesta o la pregunta
Ni nuestra sangre en el Norte o en el Sur
Ni nuestra sangre en la paz o la guerra
La paz es con nuestros enemigos, Señor
Con sus guardianes en países lejanos
Con sus guardianes en países vecinos
Con cada hermano que como un enemigo nos sitia
Con cada hermano que pasa por encima de nuestra muerte
    para después asentar su trono sobre nuestras ruinas
No hay sitio para la mariposa donde una niña
    perdió los pies
Ni para un enamorado muerto por amor, no por los
    aviones,
Ni para que el poema se gloríe del poeta que escribió «Cuando
    yo muera, tú has de vivir para contar mi historia»*
El mar no es para los pájaros o las amadas,
y el cielo nos ha dado la espalda, como los países
    extranjeros

La paz de la tierra no es con nosotros
La paz es con los demás y con los hijos de otros
Con el silencio después de que nos masacren
Con el silencio antes de que nos masacren

    * Verso del poeta palestino Refaat Alareer, asesinado por un ataque aéreo del ejército israelí en Gaza el día 6 de diciembre del año 2023.

Con el silencio mientras nos masacran
Con el silencio si gritábamos
Con el silencio si callábamos
Con la voz cuando nos apuntan:
Matadlos, y con silencio nos matan

La paz de la tierra no es con nosotros
Es con los tiranos, los gobernantes gallitos y todos los
    ejércitos de polvo
Con la devastación y los fantasmas de quienes mataron a
    pequeños o grandes...
 Con los soldados y quienes pusieron grilletes al horizonte
 Con los que hicieron correr la sangre, odiaron a la víctima
    y mataron a los testigos
La paz es con un tirano por aquí...
y otro por allí
La paz es con colas ladrando por acá...
con silbidos de mil armas por allá
La paz es con quien ahora me arranca los ojos para que
    no te vea

Señor, llévate todo y deja aquí mismo, junto a nuestro
    mar, las tumbas de los que amamos y nuestras casas
No desapareceremos, nos quedaremos juntos...
O llévanos si quieres... o déjanos
Haz lo que quieras cuando quieras
Nos tienes cerca del ojo de Tu corazón

O... Señor, sé nuestra fortaleza, no huiremos —si cae la
noche— de nuestra muerte
Déjanos, Señor, a las puertas de Tu espíritu:
de la iglesia, la mezquita y el mar;
del barro y las palmeras;
de la vida, si vida sigue existiendo aquí
O... Llévanos, Señor, y deja algo de nuestro espíritu aquí
mismo,
como despojos junto a las ruinas de las escaleras de
nuestras casas
Y que la paz sea con la tierra que no es nuestra

La paz que anhelamos, que amamos, que soñamos, que
deseamos... no es con nosotros
La paz tan sencilla como las lágrimas de mi madre en las
bodas y los duelos no es con nosotros
La paz que como una pluma vuela
La paz que como una pluma se posa
La paz tan bella como una canción,
tan dulce como como nuestras risas
y como nuestra gata antes de que la mataran...
Pero, ay, Señor, desde que murió nos sigue hambrienta,
maullando y asustada,
desde una habitación en el Norte a los campamentos del
Sur

La paz de la tierra no es con nosotros

No es con Gaza cuando en primavera es tan feliz como los
    niños
Ni con Acre, mil años en vela, guardándonos como una
    abuela
Ni con Yaffa la Bella
Ni con Jesús, sangre de nuestra sangre, carne de nuestra
    carne, tierra de nuestra tierra, resucitado de
    nuestras resurrecciones
La paz de la tierra no es con nosotros
La paz de la tierra no es con nosotros ni con Tu
    Jerusalén, ensalzada por el Profeta y nuestro Corán

*

La paz de la tierra tiene que ser conmigo, Señor, conmigo
    y luego contigo
Con las mariposas que revolotean entre los dedos de mis
    hijos del alma,
que ascendieron a los cielos contigo
y solo me quedan sus despojos, un día que gime
y plumas de paloma sobre sus nombres y las escaleras
Sus dedos son el sol de estas mariposas y la herida del
    horizonte
Nada les he dicho a las mariposas
Las he dejado revolotear como si fueran mi espíritu,
    viajando entre la ceniza y el rocío
A ellos les cantaré en nombre de los veinte... treinta mil...

que sobre nuestra tierra vivieron...
Jamás diré: La paz sea con quienes asesinan,
    desarraigan, incendian
La paz de esta tierra fue con nosotros antes de que ellos
    llegaran
Y la paz de esta tierra será con nosotros cuando se vayan

Que la paz sea con nosotros... Con nosotros

Ibrahim Nasrallah
(Traducción de Luz Gómez)

غلاف الكتاب: **جبال القدس الأصيلة** (2022) زيد عيسه

صورة إبراهيم نصر الله: منى دروزة

صورة زيد عيسه: أحمد جرار

الرسوم الداخلية: **جزء من رام الله** (2020) و **مرحبًا بكم**

في القدس (2019)، زيد عيسه

فلسطين، الأدب والذاكرة

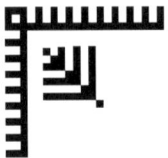

فلسطين، الأدب والذاكرة

تأمـلات إبراهـيم نصر الله

UNIVERSITAT DE BARCELONA

Edicions

فلسطين
في كلمات

المحتويات

مقدمة

يقول إبراهيم نصر الله، ردا على المقولة الشهيرة «التاريخ يكتبه المنتصرون»: «لقد أثبت الفلسطينيون قدرتهم على كتابة تاريخهم بأنفسهم». ويجسد هذا الرد واقعًا ملموسا يتجلى بوضوح في الطريقة التي يدمج بها الكاتب الذاكرة والتاريخ في أعماله الأدبية. إذ يُعد من رموز الأدب الفلسطيني، ومن رواد التجديد في الأدب العربي عموما، مستندا إلى تجربته الشخصية. وفي سن مبكرة، برهن نصر الله على موهبة خاصة في الكتابة، حيث بدأ يكتب الشعر وهو ابن الرابعة عشرة عام 1968. وعلى الرغم من عدم قناعة معلميه بتأليفه لقصائده الأولى، كان واثقا بقدراته التي سوف تجعله كاتبا مميزا في المستقبل. قضى طفولته وشبابه في مخيم الوحدات الخاص باللاجئين الفلسطينيين، حيث أكمل تعليمه الأساسي في مدارس وكالة الأمم المتحدة لإغاثة وتشغيل اللاجئين الفلسطينيين في الشرق الأوسط (الأونروا) في عمان، بالأردن، بعد أن تم طرد عائلته من البُريج، قرية قريبة من القدس دُمِّرت خلال النكبة عام 1948. قبل أن يتفرغ للكتابة بصفة نهائية، عمل نصر الله كمدرس في السعودية وصحفي في عمان، بالإضافة إلى أنه عمل كمدير لدارة الفنون، مؤسسة فنية بارزة ونقطة تجمُّع للفنانين التشكيليين العرب المعاصرين. فضلا عن كونه كاتبًا، فهو أيضًا فنان تشكيلي ومصور فوتوغرافي، حيث أقام أربعة معارض فنية. بالنسبة له، ليس الرسم والتصوير مجرد تكملة لكتاباته، بل يعملان على تعزيز قوتها، مما يخلق تآلفا بين الكلمة والصورة.

فلسطين، الأدب والذاكرة

تمتـد مسيرتـه الفنية على مدى أربعة عقود، حيث عرفت كتاباته تطورًا كبيرا، يعكس نضجه ككاتب ويلتقط أيضا المراحل السياسية من التاريخ الفلسطيني منذ النكبة. وحتى الآن، نشر نصر الله خمسة عشر ديوانا شعريا وستا وعشرين رواية، يبرز مـن بينها مشروعه الملحمي الطموح «الملهاة الفلسطينية»[1] المؤلف مـن سـت عشرة رواية، تغطـي مئتين وخمسين عامًا مـن التاريـخ الفلسطيني الحديـث، ممـا يجعله إسهاما أدبيا متميزا.[2]

يتميـز نصر الله بكونه شخصية بـارزة بين جيل مـن الفنانين الفلسطينيين، مثل ليانـا بـدر، وسعاد العامري، ورجا شحادة. وقد حظيت مسيرتـه الفنية والأدبيـة بتقديـر كبير، حيث نال إحدى عشرة جائزة مرموقة، من بينها الجائزة العالميـة للروايـة العربية، البوكر، 2018، جائزة سلطان بن علي العويس للشعر عـام 1997. تـم اختيـار روايته «بـراري الحُمّى» مـن قبل صحيفة الغارديان ضمـن أهـم عشرة أعمـال أدبيـة في العالم العربي. بالإضافة إلى ذلك، حصل في 2012 على جائـزة القدس للثقافة والإبداع في دورتها الأولى تقديرا لإسهاماته الأدبيـة المتميـزة، كمـا نالـت روايته «أرواح كليمنجارو» (2015) جائزة كتارا

---

1. «مجرد 2 فقط»، «طيور الحـذر»، «طفل الممحاة»، «زمن الخيول البيضاء»، «قناديل ملك الجليـل»، «الأمـواج البرية»، «زيتـون الشوارع»، «أعراس آمنة»، «تحت شمس الضحى»، «أرواح كليمنجـارو»، «ظلال المفاتيح»، «سيرة العين»، «دبابـة تحت شجرة عيد الميلاد»، «طفولتي حتى الآن»، «شمس اليوم الثامن» و«مصائد الرياح».

2. يشير مصطلح الملهاة هنا إلى البنية السردية لعمل «الكوميديا الإلهية» لدانتي. كانت الكوميديـا في العصور الوسطى نوعًـا سردياً يبـدأ في سياق مظلم ومأساوي، ليصعد تدريجيًا نحو النور وتحسن الأوضاع. في حالة دانتي، تبـدأ «الكوميديا الإلهية» في الجحيـم وتنتهي في الفردوس. وعلى نحو مماثل، تتبع «الملهاة الفلسطينية» هـذا النموذج، بحيث يبـدأ المشروع برواية «مجرد 2 فقط» (1992)، التي تروي الحقبة المعاصرة المتميزة بإبادة الشعب الفلسطيني، وينتهي بروايـة «قناديل ملك الجليل» (2011)، حيث يكشف السرد هنا جذور الهوية الفلسطينية التي تمتـد حتى نهاية القرن. بهذه الطريقـة، يبني نصر الله سردية للتاريخ الفلسطيني، تتجاوز عتمة السرد المعاصر للوصول إلى حقيقة أصولـه المشرقة.

للروايـة العربيـة لسـنة 2016 وفي 2025 حصـل على جائـزة نيوسـتاد الدوليـة للأدب، المعروفـة باسـم «نوبـل الأمريكية».

النـص الـذي نحن بصدد تقديمه «فلسـطين، الأدب والذاكرة» عبارة عن حوار وتأمل بين الكاتـب وجمهوريـن: الوسـط الجامعـي مـن جهـة، والجالية الفلسطينية في كتالونيـا مـن جهـة أخـرى. مـن خلال هـذا التفاعـل، يقدم هـذا العمـل رؤيـة أدبيـة وشخصية لإبراهيـم نصـر الله، بأسـلوب حديـث وسـلس، يستكشـف مـن خلالـه الجوانب المتعددة لشخصيته.

علاوة على ذلـك، فـإن هـذا النـص هـو جزء مـن إصدار ثنائـي اللغة، صُمّم للحفـاظ على الحـوار بلغتـه الأصليـة، وفي الوقت نفسـه، لترجمـة كلماتـه إلى الكتلانيـة. حتى الآن، لم تُترجـم أي مـن أعمال إبراهيـم نصر الله إلى هذه اللغة، مما يجعل هـذه المبـادرة إسـهاما فريدا وقيّـما. وفيما يتعلق بترجمة أعماله إلى لغـات أخـرى، تجـدر الإشـارة إلى أن الكاتـب يُعـدّ ظاهـرة ثقافيـة، تجاوزت شـعبيته حـدود اهتمـام النقّـاد والأكاديمييـن. ومـع ذلـك، لا يـزال هنـاك الكثير مـن أعمالـه الأدبيـة الغزيـرة بحاجـة إلى الترجمـة. صـدرت 45 ترجمة لأعماله بلغـات مختلفـة، حتـى الآن، من بينهـا خمس روايـات[3] ومجموعتين شـعريتين[4] إلى الإنجليزيـة، وأربـع روايـات وثلاثـة كتب شـعرية إلى الإيطاليـة، وواحـدة إلى الدنماركيـة وواحـدة إلى التركيـة، واثنتين إلى الإسـبانية: «أرض الحُمّـى» و «زمن الخيـول البيضاء».[5]

3. *Prairies of Fever* (1993), *Safe Weddings* (2004), *Under the Midmorning Sun* (2004), *Inside the Night* (2007), *Time of White Horses* (2007).

4. *The Rain Inside* (2009), *In the Name of the Mother and the Son* (2010).

5. «أرض الحمـى»، دار النـشر فيربـوم، 2023، ترجمـة فيكتوريا خريش رويـز-زوريلا ولويـس ميغيـل كانيـادا. «زمن الخيـول البيضاء»، إصدارات عالم الحروف، 2023، ترجمـة مؤيـد شراب.

فلسطين، الأدب والذاكرة

جـاء لقاؤنـا فـي رحـاب جامعة برشلونة متزامنـا مع زيارة قام بهـا الكاتب إلى إسبانيا. وكان الهـدف الرئيسي مـن هذه الزيـارة هو تقديم روايتـه «زمن الخيـول البيضـاء»، التـي تُرجمـت لأول مـرة إلى اللغة الإسبانية. وتزامن هذا اللقـاء مـع الأسبوع الـذي تُحيـى فيـه ذكرى خطة تقسيـم فلسطين عـام ١٩٤٧، ٢٩ نوفمبـر، الـذي اعتمدتـه الأمـم المتحـدة، بعد مـرور ثلاثين عامـا، يومـا عالميـا للتضامـن مـع فلسطيـن. وقد منحت تلك الخطـة ٥٦٪ من أرض فلسطيـن التاريخيـة للمستوطنين الصهاينة لإقامة دولة إسرائيل، وهو مـا شـكل تمهيـدا لنكبـة ١٩٤٨. وتجـدر الإشـارة إلى أن الفلسطينيين لم يكـن لهـم أي صـوت فـي اتخـاذ هـذا القـرار الـذي جـاء فـي سـياق لا تـزال فيـه مناطق شاسـعة مـن العالـم تـرزح تحـت السـيطرة الاستعماريـة فـي ذلك الوقت.

تزامنـت زيـارة نصر الله كذلك مـع لحظـة كان فيهـا تركيـز العالـم منصبا على غـزة والإبـادة الجماعيـة التـي تتعرض لهـا على يد إسرائيـل. خلال زيارته لعـدة مـدن فـي إسـبانيا، ركـزت الصحافـة التـي أجرت معـه مقابلات على الوضـع فـي فلسـطين، وأصروا عليـه لإدانة أحداث السـابع مـن أكتوبـر ٢٠٢٣. وأمـام هـذه الأسـئلة الملحـة، كان الكاتب يُذكر الصحفيين بأنه كتب قبل عشـرين عامًـا روايـة «أعـراس آمنـة» عـن غـزة، تعكس نفس الفظائع التي لا تـزال مسـتمرة حتى اليـوم. وأكـد نصر الله أن الحصار والمجازر والتطهير العرقـي الـذي يرتكبـه جيش الاحتلال الإسرائيلي ليسـت أمـورا جديـدة، بل هـي مـآس مسـتمرة منـذ عقود.

ومـن جهتنـا، اقترحنـا على الكاتب عقـد لقـاء يتمحـور حـول تقديـم أعمالـه، لاسـيما الأدبيـة منهـا. خلال الجلسـة، تناول الكاتب ثلاثة مواضيع أساسـية: أولا: الجنـس الأدبـي للروايـة، ثانيـا: العلاقـة بين الذاكرة والتاريخ، ثالثا: العمليـات الإبداعيـة وبنـاء العمل الأدبي. على امتداد الصفحـات التالية، سـيتعمق القارئ فـي تأملات نصر الله حـول كتابـة الروايـة التاريخيـة، ودور

الروايـة السـيرذاتيـة، والبعـد الإنسـاني والعالمـي لهـذا النـوع الأدبي. بالإضافة إلى ذلـك، يكشـف الكاتـب عـن أهميـة الروايـة كوسـيلة لحفـظ الذاكـرة في السـياق الفلسـطيني، وقدرتهـا عـلى الربـط بـين المـاضي والمسـتقبل.

بـدأ الحديـث حـول أحـدث أعمالـه التـي تُرجمـت مؤخـرا إلى الإسـبانية، روايـة «زمـن الخيـول البيضـاء»، المعروفـة أيضـاً بِـــ «الإليـاذة الفلسطينية» (2007). وقـد وُصفـت هـذه الروايـة مـن قبـل النقـاد بأنهـا «الروايـة التـي كانـت تنقـص الأدب الفلسـطيني»، إذ تغطـي مـا يقـرب مـن خمسـة وسـبعين عامـا مـن تاريـخ قريـة فلسـطينية صغـيرة بالقـرب مـن القـدس (مـن 1875 حتـى 1948). خلال هـذه الفـترة، احتُلـت القريـة عـلى التـوالي مـن قبـل العثمانيـين، والبريطانيـين، وإسرائيـل بعـد النكبـة. تُعـد هـذه الروايـة واحـدة مـن أكـثر الروايـات مبيعـاً في الأدب العـربي المعـاصر، حيـث وصلـت لحـد الآن إلى الطبعـة الثلاثـين، وترجمـت إلى سـبع لغات.

لكتابـة «زمـن الخيـول البيضـاء»، والأعمـال الأخـرى التـي تشـكل مجموعتـه «الملهـاة الفلسطينية»، جمـع الكاتـب شـهادات مبـاشرة مـن عائـلات فلسـطينية مختلفـة تـم تهجيرهـا خلال النكبـة. وعـلى الرغـم مـن أن هـذه الروايـة كانـت في البدايـة مصممـة لتكـون الأولى في السلسـلة، إلا أنهـا أصبحـت الأخـيرة بسـبب التوسـع المسـتمر في المـادة التاريخيـة التـي تغـذي العمليـة الإبداعيـة. وبهـذه الطريقـة، يلعـب إبراهيـم نصر الله أدوارا متعـددة في المشـهد الثقـافي الفلسـطيني. بالإضافـة إلى كونـه شـاعراً وروائيـاً، يعمـل أيضـاً كمـؤرخ لذاكـرة فلسـطين المنسـية مـن خلال جمـع الشـهادات ودمجهـا في أعمالـه. ومـن هـذا المنطلـق، يصبـح بمثابـة مرمـم ثقـافي، يعيـد بنـاء السرديـة الوطنيـة الفلسـطينية عـلى غـرار مهنـدس معمـاري يعمـل عـلى صياغـة تاريخهـا.

في هـذه العلاقـة المُركَّبـة بـين الذاكـرة والتاريـخ، يجـب اسـتحضار الأصـوات التـي تـم جمعهـا، خاصـة في روايـة «زمـن الخيـول البيضـاء». في هـذا العمـل، يتم

سرد التاريخ الفلسطيني من منظور الفلاحين الذين اكتسبوا حمولة رمزية قوية باعتبارهم تجسيدا للروح الفلسطينية الأصيلة، خاصة بعد النكبة. لكن الفلاحين والقرية التي يرسمها نصر الله لا يعكسون الصورة النمطية لماض مثالي، بل على العكس، يقدم صورة معقدة تشمل واقع القرية وثقافتها، مما يجعلها تمثل التجربة الوطنية الفلسطينية. على امتداد السرد، تحضر مشاعر الحزن والخسارة حضورا متواصلا، وتبلغ ذروتها مع اقتراب نهاية الرواية. غير أن الهدف لم يكن استحضار الحنين لماض مفقود، بل استعادة تفاصيل منسية للمكان، في ممارسة عميقة للذاكرة التاريخية.

وتكتسي الذاكرة والثقافة أهمية بالغة، لاسيما إذا أخذنا بعين الاعتبار أن الشعب الفلسطيني يعيش تحت تهديد دائم بالمحو من سجلات التاريخ. وكما يؤكد أحمد سعدي وليلى أبو لغد في كتابهما حول النكبة، فإن الذاكرة الفلسطينية تعتبر «واحدة من الأسلحة القليلة المتاحة لأولئك الذين انقلب تيار التاريخ ضدهم».[6] وبالتالي تصبح ذاكرة الأماكن والأشخاص والتقاليد أداة أساسية لبناء السرد الشخصي، الذي يمارَس يوميا وينتقل من جيل إلى جيل. ومن خلال أعماله الفنية، يساهم إبراهيم نصر الله بفعالية في خلق هذا السرد، مستكشفا الذكريات المهجورة التي خلفتها ندوب النكبة. ولقد أشار الكاتب إلى أنه يكتب عن الكوارث لمنع تكرار وقوعها في المستقبل.

كلاريسا داناي فونسيكا أزوارا

---

6. سعدي، أحمد، أبو لغد، ليلى (2017). النكبة: فلسطين 1948 وادعاءات الذاكرة، ترجمة إستير سيلبيا سان إيلديفونسو، بوينس آيرس، كنعان، ص. 39.

تأملات
إبراهيم
نصر الله

مـا هـي التحديات التي يواجههـا الكاتب أثنـاء كتابـة روايـة تاريخيـة كـ «زمـن الخيـول البيضـاء»؟ وهل بإمكانـك أن تقدم لنـا المزيد مـن التفاصيل عـن فكـرة القريـة في هـذه الروايـة؟

كتابـة الروايـة التاريخيـة، بالتأكيـد هـي كتابـة صعبـة، لا لشيء إلا لأن عليـك أن تقـوم برحلـة عبر الزمـن إلى منطقـة أخـرى في زمـن آخر وفي نمـط حيـاة مختلـف. حينمـا تقـرأ التاريـخ لتكتـب عنـه، قـد تجد جملـة واحـدة وتقـول: وقعـت الحـرب، تلك الحـرب، في سنـة 1720 مـثلا، لكـن لا أحـد يقـول لـك مـا الـذي حـدث في تلك الحـرب، لا أحـد يقـول لـك كيف انتصر هـؤلاء وكيف هُزم هـؤلاء، يتحدثـون عـن قـادة كثيرين لكنـك لا تعـرف أي شيء عن هـؤلاء القادة. لا تعـرف علاقـة القائـد بزوجتـه ولا علاقتـه بأولاده ولا علاقتـه بصديقتـه. لا أحـد يعـرف مـاذا قالـه لجيشـه قبل المعركـة مـثلا. ولذلك حينمـا تكتـب، التاريـخ أشبـه مـا يكون بهيـكل عظمـي، عليك أن تكسـوه باللحـم والروح والأحاسـيس. كتابة «زمـن الخيـول البيضـاء» كانت أسهل قليـلا مـن كتابة روايـة «قناديـل ملـك الجليل». في «زمـن الخيـول البيضـاء» كان هنـاك شـهود عاشـوا ما قبل النكبة ويمكن أن تسـمعهم وتتحدث معهـم، وخصوصا أن أهلـك وجدك وجدتك كلهـم موجـودون. لكـن في روايـة مثل «قناديل ملك الجليل» ليس هناك أي كائـن حـي على قيـد الحيـاة يمكن أن تتكلم معـه ويقـول لك ماذا حـدث فعلا، وهـذا تحـد كبير. لقد بنـى ظاهر العمـر الدولـة الفلسـطينية في القرن الثامن

عشر على الأرض. ولذلك حينما تكتب، عليك أن تجعل القارئ يحس ويرى الدولة وهي تُبنى. وإذا لم يرَ هذه الدولة تُبنى على الورق فإنه لن يقتنع بالرواية أبدا. لكن أنت لا تذهب لتُعيد ما كتبه المؤرخون. أنت تذهب لتناقش وتطرح رؤيتك الخاصة بتلك المرحلة. وعلينا أن نعرف ونتذكر أن التاريخ في هذه الأيام يُزوّر ونحن ننظر إليه، فكيف يمكن أن يكون المؤرخون في القرن الثامن عشر أو السابع عشر أو حتى قبل ذلك؟ ولذلك قد تكون الرواية في الكثير من الحالات مناقضة تماما للتاريخ. وحينما تكون مناقضا للتاريخ معنى ذلك أنك تكون مناقضا للمؤرخين ولكتب التاريخ الموجودة. باختصار أنا أعتبر الرواية التاريخية أطروحة أولا، فقد سبقها بحث كبير. وأنت تعرف أنها حينما ستصدر ستكون هذه الرواية رواية بين أيدي الكثير من المؤرخين أو... مثلا الإنسان أثناء مناقشة رسالة الدكتوراه يكون هناك خمسة دكاترة يناقشون أطروحتك، وفي النهاية قد تنجح أو لا تنجح. لكن في الرواية هناك عشرات الآلاف الذين يناقشونك. وأحيانا يكون المؤرخون مطمئنين للكتب التي قرؤوها حول التاريخ. وقد حدث معي في «قناديل ملك الجليل» التي أعتبرها رواية تاريخية فعلا لأن هناك بعض أساتذة التاريخ قالوا لي إن شخصية ظاهر العمر ليست كالشخصية التي تتحدث عنها أنت. وحينما كنت أقول لهم: وكيف كان ظاهر العمر؟ لا يجيبونني. لذلك عندما تذهب لكتابة التاريخ عليك أن تكون واثقا مما ستكتبه بصورة غير عادية. أنت تحتاج إلى بحث كثير، وأحيانا تحتاج بعض الروايات إلى مكتبة خاصة بها. ويمكن للإنسان أن يُنجب طفلا ويذهب إلى المدرسة، ثم إلى الجامعة، ثم يحصل على الماجستير خلال اثنتين وعشرين سنة. لكن «زمن الخيول البيضاء» استغرقت اثنين وعشرين سنة للتحضير لها ولكتابتها. القرية في «زمن الخيول...» هي مستوحاة من قريتي في فلسطين التي دُمرت عام 1948 والتي تم محوها تماما على الأرض. وبالتالي فيها الكثير من

حكايـات قريتـي. لكنـني أدرك أن أي قريـة لا يمكـن لهـا أن تختصـر فلسطين...
فكان هنـاك حكايـات وتفاصيـل للكثير مـن القـرى أيضـا فـي داخل هـذه الروايـة.
وهكـذا تغيّـر اسـم القريـة وأُضيفـت قريـة جديـدة إلـى فلسطين اسـمها الهاديـة.
هـي ليسـت موجـودة فعـلا فـي فلسطين، حتـى تكـون هـذه القريـة ممثلـة
لفلسطين بشـكل عـام، وتحمـل أيضـا كل قضايـا فلسطين سـواء الإنسـانية أو
التاريخيـة أو الثقافيـة. صحيـح أننـي بذلـت أو أعطيـت هـذه الروايـة اثنتين
وعشريـن سـنة مـن حياتـي لكنـي أحسسـت وكأننـي عشـت خمسـا وسـبعين سـنة
لم أكـن عشـتها مـن قبـل. وربمـا هـذه هـي المكافأة التـي يحصل عليهـا الكاتب
أحيانـا. يعطـي للروايـة مـن عمـره، لكـن الروايـة تعطيـه عمـرا آخـر. لذلك أحس
أن عمـري خمسمائـة سـنة مثلا.

**للرمـوز فـي السـياق الفلسـطيني أهميـة كبيرة، فما هـي تلـك التـي تتناولهـا
أعمالـك؟**

أولا، علـى الكاتـب أن يكتـب ليجعـل القـارئ يحـس أن هـذا أمـر واقعـي. وكلما
كان واقعيـا كلمـا أصبـح لـه تعـدد رمـزي. أمـا من يأتـي ليكتـب فـي البدايـة رواية
مـن رمـوز فأنـا أعتقـد أنها لن تصـل للقـارئ... وحقيقـة بالنسـبة لي أكـره حرفيـة
الرمـوز. أحيانـا يُقال الـطير هـو الحريـة، أو الفـرس هـو الحريـة... لا، الفـرس
أكبـر مـن هـذا بكثـير، والطيـور أكبـر من هـذا بكثـير. الطيور طيـور والفـرس فرس
أيضـا. أعتقـد أن الكاتـب يكتـب، لكـن القـارئ يشـتاق للرمزيـة التـي يريدهـا
والموجـودة بداخلـه كقـارئ. وكلمـا كان العمـل قـادرا علـى الإيحـاء، ولا أقـول
الرمـز، كلمـا اسـتطاع القـارئ أن يصـل إلـى أبعـاد جديـدة. أمـا أسـوأ شيء يمكن
أن يحـدث هـو أن يقـول الكاتـب إننـي كنت أرمـز مـثلا بالفـرس كـذا، وبالطيور

كذا، وبتلك المرأة كذا، أعتقد أنه في هذه الحالة سيقتل الرواية. العمل الأدبي هو عمل ديمقراطي أصلا، ولذلك على الكاتب أن يكون ديمقراطيا. وإذا قال إنني كنت أعني بهذا الشيء هذا المعنى تماما فإنه يتحول إلى ديكتاتور. يعني أنه يقول للناس: «لا تفهموا الكتاب إلا على طريقتي». وهذا لا يمكن أن يكون عادلا. أحب الكاتب صامويل بكيت حينما تحدث عن مسرحيته «في انتظار غودو»، وهي مسرحية عبثية، وبالتأكيد متشابكة من الصعب الحديث عنها؛ كانوا يسألونه: ما الذي تقصده بهذه المسرحية؟ وكان يرد ويقول: «لو كنت أعرف لقلت لكم».

لكننا لا نستطيع ككتاب أن نشرح كل شيء، مثل «زمن الخيول البيضاء»، تخيلوا أنني لو فسرت الرواية لكنت وكأنني أعدمتها. هناك عدد كبير من رسائل الماجستير والدكتوراه حولها أو حول جزء من «الملهاة الفلسطينية». وأهم ما في الأمر هو أنه حينما يأتي طالب الدكتوراه الجديد ويقرأ الرسائل التي أُعدت عن هذه الأعمال يقول: «لا، هناك شيء جديد لم يكتشفوه فيها». وأول سؤال يطرحه الدكتور المشرف عليه هو: «لقد كتب الكثير من الناس عن هذه الأعمال فما الذي تريد أن تقوله؟» فإذا طرح فكرة جديدة يقول له: «تفضل، ابدأ في العمل.» وهذه هي ديمقراطية الكتابة بشكل عام. والكاتب وُجد ليدافع عن الحرية والعدالة وكل الأشياء الجميلة، والدكتاتور وُجد ليدفن العدالة وليقتل الحرية وليحرمنا من كل شيء جميل. الكتاب الدكتاتوريون هم وحدهم الذين يحالفون السلطة، ومن تبقى لهذه الشعوب هم كتابها فقط.

الأستاذ إبراهيم، من المعروف أنك من الكتاب العرب القلائل الذين يمتلكون مشروعًا روائيًا واضحًا ومحددًا، ولديك مشروعان روائيان، «الملهاة»

و«الشرفات»، حدثنـا عـن الدوافع التـي تحفزك على تطويـر هذين المشروعين وما أهميتهما؟

بصراحـة شـديدة لـو سُـئلت عـام 1984 حينمـا بـدأت كتابـة «زمـن الخيـول البيضـاء» والتحضيـر لهـا، هـل تتخيـل أنـه سـيكون هنـاك مشـروع كتابـة «الملهـاة الفلسطينية» لقلـت: أكيـد لا، حتـى أننـي لم أجـرؤ أن أدعـوه مشـروع «الملهـاة الفلسـطينية» أو أضـع هـذا العنـوان الـذي يضـم مجموعـة مـن الروايـات إلا بعـد أن كتبـت أربـع روايـات. مشـروع «الشرفات» أيضـا حينمـا صـدرت الشـرفة الأولـى «شرفة الهذيان» سـألتني الصحافـة: «كم روايـة تتوقـع أن تكتـب ضمـن هـذا المشروع؟» فقلـت: «ثلاث روايـات». ولكـن في الحقيقـة عليـك دائمـا أن تبـدأ لأنـك إذا لم تبـدأ لـن تسـتطيع أن تعـرف إلى أيـن يمكـن أن تصـل. بعـد أن بـدأت تتبلـور هـذه المشـاريع أو هـذان المشروعـان بالإضافـة إلى المشـروع الشـعري أيضـا، بـدأت أعـي أن هنـاك مناطـق كثيـرة زمنيـة في حيـاة الشـعب الفلسطيني تحتـاج إلى روايـات أخـرى للتعبيـر عنهـا، مـع أن الطمـوح الأول كان هـو أن أكتـب روايـة تعبـر عـن مرحلـة مـن 1917، ودخـول الإنجليـز إلى فلسـطين، إلى عـام النكبـة، لكنـني اكتشـفت أن القضيـة الفلسطينية مـن المسـتحيل أن تحيـط بهـا روايـة واحـدة. كمـا اكتشـفت أيضا أن العالـم أكثـر اتسـاعا، وعليـك أن تكـون مَعنيـا ومهتمـا بـكل قضايـاه. فبقـدر مـا أنـت فلسـطيني أنـت إنسـان عالمـي. ومـا يحـدث في هـذا العالـم يهمـك ويجـب أن تكـون جـزءا منـه ومدافعـا عـن البـشر فيـه. وهكـذا ولـد مشـروع «الشرفات» ليكـون الوجـه الآخـر لِـ «الملهـاة الفلسطينية». وبالتالي أعتبـر مسـاحتي التـي أتحـرك فيهـا هـي تاريـخ البشريـة كلـه. وفي هـذا السـياق، في مشـروع «الشرفات» هنـاك روايـة سـتكون عـن آدم وحـواء، مثلمـا كانـت روايـة «حـرب الكلـب الثانيـة» عـن المسـتقبل البـشري.

ماذا عن شخصية خالد؟ هل هي شخصية واقعية؟ وما علاقتها بالشخصيات الأخرى؟ ومن ناحية أخرى، هل هناك إمكانية لتحويل رواية «زمن الخيول البيضاء» إلى فيلم سينمائي؟

كثيرا ما نقرأ بعض الروايات ولا تعجبنا. وحينما نقول للكاتب إنها لم تعجبنا يقول: «ولكنها واقعية». ليس بالضرورة أن يكون كل ما هو واقعي هو المقنع، هذا في الفن. لذلك أسأل هل أعجبتك هذه الشخصية؟ هل فرحت لأفراحها وحزنت لأحزانها؟ أعتقد أن كل شخصية وكل حدث نقرأه ونتأثر به فهو واقعي. في الحقيقة حينما سُميت الكتابة عملية خلق كان في ذلك إعطاء الكاتب الإنسان فرصة كبيرة لكي يخلق شخصيات على الورق. وبالتالي فالرواية تُعد واحدة من الفنون الأكثر تركيبا على الإطلاق. لذلك يقال العالم الروائي. هذا العالم يصنعه الكاتب. في «زمن الخيول...» ربما هناك سبعون إلى مائة شخصية. وكل هذه الشخصيات ليس بالضرورة أبدا أن تكون ذات مصدر واقعي. ويمكن أن أقول إنه أحيانا نستطيع أن نخلق شخصية روائية من حدث بسيط. يعني إذا قام إنسان ما بعمل شجاع في لحظة ما وأحببت هذا الموقف منه قد تتمكن من أن تكتب له أو تخلق له عشرة مواقف أخرى شجاعة، لأنك تعرف أنه لو وضع في هذا المكان لفعل كذا، ولو وضع في هذا المكان لعمل كذا. وكذلك الأمر إذا كان الإنسان أنانيا أو كان جبانا أو كان بخيلا أو كل هذه المسائل؛ ليس بالضرورة أن ترى هذا الإنسان. قد تتخيل إنسانا في موقف ما، فتكون قد أمسكت بشخصيته أو بأبعاد شخصيته. وأحيانا بعض الشخصيات لم تكن تفكر بها مطلقا، وفجأة تظهر وأنت تكتب ولا تعرف من أين ظهرت. وهذا حدث معي في رواية «دبابة تحت شجرة عيد الميلاد» التي تتحدث عن الدور المسيحي الفلسطيني الثقافي

والوطني والحضاري. ظهرت شخصية فجأة وأحسست أنها سيطرت على المحيط تماما. يمكن أن يحدث هذا ويمكن أن تستوحي وتتخيل أشياء لم ترها في حياتك أبدا. «زمن الخيول البيضاء» طبعا تعاني مع السينما ما تعانيه غزة في هذه الأيام، هذا التآمر عليها، وهذا الجبن على عدم الوقوف إلى جانبها... في الحقيقة هذه الرواية اشترى حقوقها منتج كبير وكان سيُخرجها حاتم علي، مخرج مسلسل التغريبة الفلسطينية، لكن لم نستطع منذ عام 2009 أن نجد أي فضائية عربية مستعدة لأن تبث هذا المسلسل. حتى إن إحدى الفضائيات قالت: «إذا غيرتم المكان الذي تبث فيه الأحداث، أي ألا يصبح فلسطين، بأي مكان آخر نحن سننتجها فورا». فلا أتوقع أبدا لفترة طويلة أن تكون الرواية في السينما أو في التليفزيون.

هل يمكن اعتبار كتابك الأخير «طفولتي حتى الآن» سيرة ذاتية؟

أنا أعتقد أنه في كل مشروع روائي هناك تحديات تواجه الكاتب. فبقدر ما يحتاج الكاتب حينما يكتب رواية تاريخية أن يبحث فيما هو خارجه، يحتاج كاتب رواية السيرة الذاتية أن يبحث في داخله لكي يستطيع أن يصل إلى كتابة هذه الرواية. فالكتابة التاريخية رحلة إلى الخارج وكتابة السيرة الذاتية رحلة إلى الداخل. رواية «طفولتي حتى الآن» هي رحلة داخلية بالنسبة لي لأنني حاضر فيها بالاسم، لكنني بدل أن أكتبها كسيرة ذاتية كتبتها كرواية. كتبتها كرواية حتى أكون عادلا مع كل الذين أحببتهم والأشخاص الذين أحبوني والأشخاص الذين أثروا في حياتي. أردتهم أن يكونوا حاضرين من أول الرواية إلى آخرها، عكس السيرة الذاتية التي تتحدث عن

فترة زمنية يحضر فيها بعض الناس، ثم حينما تتحدث عن فترة ثانية لا تتذكر الناس الذين أثروا فيك قبل هذه الفترة الثانية. ولذلك أحس أن السيرة الذاتية ماحية للشخصيات أكثر مما هي مثبتة لها في الحياة. أعتقد أن كتابة بعض السير الذاتية مناقضة للطبيعة البشرية ومناقضة للمنطق أيضا. فقد يكون شخص عشت معه في طفولتك سنتين أو سبع سنوات مؤثرا في حياتك أكثر من شخص عشت معه فيما بعد عشرين سنة. ولذلك أحببت أن تكون كل الشخصيات التي عايشتها وكانوا جزءا من حياتي أبطالا في هذه الرواية، وليس أنا صاحب الرواية أو صاحب هذه السيرة هو البطل الوحيد فيها. وهكذا تعامل القراء مع هذه الشخصيات بأنها أبطال. أحيانا يقول لك شخص: «الأم هي البطل»، أحيانا يقول لك: «الخال هو البطل»، وأحيانا يقول لك: «العمة هي البطلة»، وهذا كان ضروريا للغاية بالنسبة لي عمليا. أما الحبيبة في الرواية فمعظم القراء يعتبرونها البطلة الأساسية ولست أنا. لذلك يوجهون لي أسئلة، ويقولون مثلا: «إذا جئنا إلى عمان، هل يمكن أن نتعرف إلى نور؟» أو حينما يكون هناك نادي الكتاب يقولون لي: «هل يمكن أن تأتي نور وهالة معك؟» و«هل يمكن أن نشرب فنجان قهوة معهما؟» لكن لا أحد يطلب أن يشرب فنجان قهوة معي! وهذا أعتقد أنه أجمل ما حدث في الرواية لأنني فعلا أعطيت لهؤلاء الأصدقاء والأحباء هذه المكانة العالية التي يستحقونها في الرواية، لأن لولاهم لما كنت ما أنا عليه فعلا.

قبل عشرة أيام تحديدا تساءلت في صحيفة القدس العربي: «هل بإمكان الكتابة أن تحتمل كل هذا الأسى؟» بودي أن أكرر سؤالك هذا، وأن نفكر معا في محنة الكتابة تجاه ما لا يمكن وصفه. كيف يمكننا الموازنة بين شعرية اللغة، وهي الشرط البدائي للأدب، وبين مشروع نزع الإنسانية الإعلامي الذي يرافق الإبادة الجماعية؟

أنا كتبت رواية منذ عشرين سنة عن غزة عنوانها «أعراس غـزة» أو «أعراس آمنة». هناك في الرواية جملة تقول: «كان يلزمنا قلوب أكبر كي تتسع لهذا الأسى». ولذلك أحس أن الآن تلزمنا قلوب أكبر وأكبر حتى تتسع لهذا الأسى. على المستوى الإنساني والكتابة القاسية للغاية أحس أن «أعراس آمنة» أنقذتني كثيرا لأنها كُتبت عن غزة قبل هذا الـذي يـدور، ومحظوظ جدا الكاتب الـذي يكتب عـن حدث كبير قبـل حدوثه، لأنـه في هـذه اللحظـة جميعنا نتلعثـم أمـام مـا يدور، وتفقد اللغة قوتها تماما، ونبـدأ بترديد كلمات وجملا فقيرة للغاية. أيضا الكتابة مثل قلوبنا تحتـاج إلى الكثير من الشجاعة حتـى تعود اللغـة إلى الكاتب لكي يستطيع التعبير عما يحدث الآن. الكلام العادي نقوله جميعا لكـن الكتابة ليست كلامـا عاديا. ربما مـا يعزّيني الآن هـو حينما أسمع الكثير مـن القراء الذيـن يعـودون لقـراءة «أعراس آمنـة» ويقولون إنها تتحدث عـن غزة اليوم وما يحدث فيها.

رواية «أعـراس آمنـة» تحكي جـزءا مـن تاريخ غزة مـن خلال ذاكرة آمنة. حدثنا عـن أهميـة الكتابة انطلاقـا مـن ذاكرة النساء.

الكثير من الأصدقاء والصديقات يعتبرونني «فيمينيست»، لأن البطولة المطلقة في الكثير من رواياتي للنساء. وبصراحة أنا أحبهن أكثر من أبطال الروايات. مثلا نجمة في رواية «قناديل ملك الجليل» أعتبر أنها لو لم توجد لما استطاع ظاهر العمر بطل الرواية أن يوجد. في «زمن الخيول البيضاء» أحب كثيرا شخصية ريحانة. وهكذا دائما أحس المرأة ساردة، وهذه أيضا عدالة السرد؛ يعني أن تعطيها مساحتها الخاصة بها، تتحدث فيها، حتى لا يتحدث فقط الذكور في الرواية. لا أظن أن هذا جاء فقط من وعي تشكَّل عندي بقدر ما جاء أيضا من حياة عشتها كانت المرأة

فيها هي المحرك الأساسي للأسرة والأحداث وكل التفاصيل في حياتي كطفل وفيما بعد. وحقيقة أحس أن النساء هن مَن شكّلن شخصيتي وعمّقنها، وليس الأصدقاء أو الأب أو الآخرون. وربما هناك حقيقة أنني أحسست فيمن عرفتهن أن هناك وعي سابق لوعي الرجل، وفريد ونباهة وفراسة، وتنبؤ بالشخصيات عند المرأة أكثر بكثير من الرجال. طبعا لا أقول هذا لأن عدد النساء اليوم في القاعة أكثر من عدد الرجال.

أنا أعتبر نفسي محظوظة، حضرت لك أكثر من أمسية ثقافية في عمان، وأنا هنا في برشلونة منذ شهر ونصف فقط، وها أنا ألتقي بك مجددا. كما أنني محظوظة لأنني قرأت معظم رواياتك. لدي في الحقيقة سؤالان، الأول يتعلق بالمقولة التاريخية الشهيرة: «التاريخ يكتبه المنتصرون»، فإلى أي مدى تعتقد أن الرواية تستطيع أن تدحض هذه المقولة، وأن تعيد كتابة التاريخ وتجعلنا نحن نكتب التاريخ؟ السؤال الثاني: إلى أي مدى تستطيع الرواية أن تحل محل كتب التاريخ وأن تعبر عن وقائع ومعلومات تكرّر سرديات النص التاريخي؟

نبدأ بالسؤال الأخير. أولا أنا سعيد جدا بأن النسبة الأكبر من قرائي من فئات الشباب. منذ عشرين عاما قدمت كتابا فيه شهادات لعدد من الروائيين، وكان عنوان المقدمة «الروائيون آخر جدات العالم». وفي العام الماضي كنت في جولة في لبنان لتقديم ست محاضرات بمناسبة الذكرى الخمسين لاستشهاد غسان كنفاني، وفوجئت أن أكثر من شاب في أكثر من محاضرة كان يقول لي إن جدتي أهدتني رواية غسان كنفاني «رجال في الشمس» مثلا. وبالتالي فغسان كنفاني أصبح هو الجدة التي لم تعد تحكي له حكايات. وهكذا تصبح الرواية ذاكرة جديدة، وهذا

ربما يعتبر أخطر ما فيها. كما أنها حينما تقرأ الفترة التاريخية تتورط كإنسان عاطفيا بهذه الفترة، وبالتالي لا تستطيع أن تنساها لأنها أصبحت جزءا من شعورك وليس فقط من عقلك. وعلينا أن نعترف أن الرواية لم تعد فقط قصة حدثت في زمن ما، بل هي أيضا مستندة إلى بحث حقيقي، وعلى التأريخ أن يبدأ بالخوف من الرواية. وبالتالي على المؤرخ أن يخاف من الروائي اليوم، وهذه أهميتها وقوتها في اعتقادي. «التاريخ يكتبه المنتصرون» يعني أن الفلسطينيين أثبتوا أنهم قادرون على أن يكتبوا تاريخهم. وربما هذا هو أعظم ما حدث فعلا في التاريخ الفلسطيني الحديث. ولذلك أصبح الأدب الفلسطيني جزءا أساسيا من مكونات الهوية الفلسطينية. وأعتقد أن هذا يعتبر أجمل ما حققه الفلسطينيون. إذ كانت الزعيمة الصهيونية غولدا مائير تقول: «لو كان الفلسطينيون شعبا لكان لهم أدب». طبعا هي تكذب كما يكذب نتانياهو اليوم، لأن الفلسطينيين دائما كان لديهم أدب قبل عام النكبة. كان في فلسطين في عام ١٩١٢ فرقة البالية. وقال الكاتب المصري إبراهيم عبد القادر المازني الذي زار فلسطين قبل عام ١٩٤٨: «إذا لم تعترف بك فلسطين كاتبا فلن يعترف بك العالم العربي». ولذلك لم يُهزم هذا الشعب خلال مائة عام لكونه يملك ثقافة حقيقية. وحينما ظهرت هذه الأسماء الكبرى أصبحت مؤثرة في العالم، أسماء الأدباء والمفكرين الفلسطينيين، هؤلاء لم يأتوا من فراغ، بل أتوا من شعب غني بالثقافة.

في رأيكم ما علاقة الكتابة بالدكتاتورية، إن كانت هناك فعلا علاقة؟

المشكلة أنه لدينا ما يكفي من الديكتاتورين، بل أكثر من ذلك لأن محطات التليفزيون تقول لك: «أريدك أن تفكر وتؤمن بما أقوله». وأيضا الإذاعة والصحافة، وهنا أود أن أشير إلى أنني أتحدث عن الدول التي لا ديمقراطية

فيها. والكتاب المدرسي يقول للطفل: «فكر كما أريدك أن تفكر». ولذلك الكتاب وُجد ضد هذه الدكتاتورية، وفي ظني هذا أهم ما فيه.

نحن القراء نتعامل مع الروايات كنصوص جاهزة، ولا نعرف كيف تقوم ببناء الشخصيات واختيارها، هل لك أن تتحدث لنا عن هذه العملية؟

لنعترف أن من يكتب الكتاب أولا هو الكاتب، والأفكار هي أفكاره، واللغة هي لغته. ولكن حينما يكتب، عليه أن يجعلنا نحس أن هذه الشخصيات تتحرك بصورة طبيعية تماما. وعندما نحس بوجود الكاتب داخل العمل نبدأ نشك بالشخصية ونبدأ نشك بالأحداث. ولذلك الكتابة تعد أعقد أشكال العفوية. أحيانا نقرأ جملة ما على لسان شخصية ما ونقول من المستحيل أن يكون وعي هذه الشخصية يؤدي إلى قول هذه الجملة. لهذا نشعر أن الكاتب ألصق هذه الجملة على لسان هذه الشخصية. فهو من يقوم بكل شيء، ولكن الأساس ألا نحس أبدا بوجوده أثناء القراءة. بل أظن أنه علينا أن ننسى الكاتب تماما ونحن نقرأ. إذا تذكرناه سننسى الشخصيات، المطلوب أن ننساه وهذا هو الشيء المطلوب في الكتابة، دُونَه لن تكون هناك كتابة.

لماذا في هذه الأيام أضحت الكتابة ضرورة ملحة أكثر من أي وقت مضى؟

أنا أعتقد أن الكتابة كانت دائما ضرورية، حتى ولو كانت في زمن قديم، يعني حينما نقرأ الملاحم الإغريقية أو ملحمة جلجامش أو نقرأ المسرح الإغريقي لا نحس أنه كان مهما للإغريق فحسب. أنا أحس أنه مهم بالنسبة

لنا اليوم مثلما كان مهما لدى الإغريق، إنها ضرورة إنسانية مستمرة. ومن الجميل ولا أقول الغريب أن الكثير من العلوم كعلم النفس استندت إلى روايات ومسرحياتٍ لتفهم الإنسان وتضع اسما لهذا المرض أو ذاك. والرواية بشكل أساسي أعتبرها تحتوي على كل العلوم اليوم. يعني هناك علم النفس، علم الاجتماع، علم السياسة، حتى علم الآثار أحيانا. عليك أن تكون خبيرا عسكريا حتى تكتب رواية، عليك أن تعرف كل شيء تستخدمه الشخصيات في هذه الروايات. مثلا حينما تقرئين لرضوى عاشور، وكيف عشت غرناطة وكل المناطق التي كتبت عنها رضوى، هذا يعني أيضا أن الرواية وسيلة قوية لتفسير الماضي وجعلنا نعيشه مرة أخرى ونحس به. وحينما كتب جورج أورويل روايته «1984» عام 1948 كان يقول لنا ما الذي سيحدث لنا. كان يقول للبشر ما الذي سيحدث لهم وما هو مصيرهم. البعض يمكن أن يقول إن هذا مجرد كلام، وأنا أقول لا، ليس كذلك. فحين تبدأ الديكتاتورية في الصعود، عادة لا تتراجع وتصبح دائما أكثر دموية مع مرور الأيام. وجورج أورويل حينما كتب روايته كان يحس بما يحدث في هذا العالم. وأظن أنه سأل نفسه السؤال التالي: «إذا استمر هذا الوضع على ما هو عليه، إلى أين يمكن أن نصل؟» فكان الجواب روايته «1984».

هناك فكرة تقول: «كلما عمت المأساة كلما استيقظ الأدب وازدهر». إلى أي حد يمكن أن تنطبق هذه الفكرة على الأدب الفلسطيني بشكل عام وعلى الإنتاج الأدبي للأستاذ إبراهيم نصر الله على وجه الخصوص؟

أعتقد أن تاريخ الإنسان تاريخ أحزان. ليس هناك أدب أفراح بالمطلق، حتى حينما يكون هناك أدب ساخر نحس أنه أكثر مأساوية. لماذا نكتب عن

الأحزان؟ نكتب عنها حتى لا تتكرر الكوارث. وأحيانا نكتب حتى... لأن هناك من يريد أن يمحو ذاكرتنا. وفي اعتقادي التاريخ البشري قائم على فكرة المحو أكثر مما هو قائم على فكرة تأسيس ذاكرة طيبة جميلة تشبه الروح البشرية. فالكتابة وُجدت ضد فكرة محو الذاكرة، وإلا فنحن بدون ذاكرة أشبه ما نكون بأناس في غرفة العناية المركزة، فاقدين للوعي. وأعتقد أن كل الأنظمة، حتى تلك التي تعتبر نفسها أنظمة ديمقراطية، تريدنا بلا ذاكرة. وهذه أهمية الأدب والفن بشكل عام.

هل هناك لحظة خاصة تحس فيها بالإلهام؟

أولا وقبل كل شيء أنا لا أؤمن تماما بالإلهام. عليك أن تعمل كثيرا وتعيش كثيرا حتى يأتي الإلهام. الإلهام ليس لديه مهبط مثل مهبط الهليكوبتر. أي عقل لم يعش ولم يجرب ولم يتعب من الصعب أن يكون له إلهام عليك أن تُعد له مكانا مناسبا في داخلك حتى ينبثق منه. هناك بعض الناس يكتبون كتابا واحدا وينتهي الإلهام عندهم لأنهم استندوا فقط على بعض الخبرات في حياتهم. وهناك أناس بالعكس لا يتوقفون عن الإبداع في كل الأشكال لأن الحياة كلها فيهم. فهي الكتابة، الثقافة وحياة تعيشها، وأناس رائعون تعرفهم وخيالك الذي يتسع بقدر ما تعرف فعلا. وحينما يكون الإنسان ضيق المعرفة أعتقد أن خياله أيضا ضيق وشبيه بالمعرفة التي لديه. عليك أن تكون دائمًا يقظا لما يدور حولك وما يدور فيك. والشيء الوحيد الذي يجب أن تطرده وتدعه هو اعتياد الأشياء لأن كل الناس الموجودين حولنا يحبوننا أن نكون روتينيين تماما. الإنسان يموت حينما يصبح روتينيا.

قصيدة

مريم غــزة

السّلامُ على الأرضِ ليسَ لنا

ليس لابني أو ابنك

مريمُ قالت لمريمَ...

يا أُختَ أرضي وأختَ خطايَ على الأرضِ

يا أختَ روحي وأختَ صلاتي

وأختَ الضُّحى في الوضوحِ وأختَ مماتي العظيمِ هنا.

وما قد تبقّى لنا من مماتٍ وما قد تبقّى لنا من حياةٍ

السّلامُ على الأرض ليس لنا

أهذي السماءُ التي فوقَنا

لا ترانا؟

أمَ أنَّ الصليبَ على ظهرنا

في حقول الدَّم المرِّ يحجُبُنا

السّلام على الأرض ليس لنا؟

السّلام لأعدائنا يا إلهيْ

وللطائراتِ، وللموتِ يهبطُ، للموت يصعدُ

للموت يحكي، ويكذبُ، يرقصُ

لا شيءَ يكفيه

لا دمُنا في الفجيعةِ

أو دمُنا في الجمالِ

ولا دمُنا في البحار ولا دمُنا في السهول ولا دمُنا في الجبالِ

ولا دمُنا في التراب ولا دمنا في الرّمالِ

ولا دمُنا في الإجابة أو دمُنا في السؤالِ

ولا دمُنا في الشمالِ ولا دمُنا في الجنوبِ

ولا دمُنا في السّلام ولا دمُنا في الحروبِ

السّلام لأعدائِنا يا إلهيْ

لحرّاسِهم في البلادِ البعيدةْ

ولحرّاسِهم في البلادِ القريبةْ

لكلِّ أخٍ كالعدوِّ أتى ليُحاصِرَنا

ولكلِّ أخٍ مرّ من موتِنا ليكون له عرشُهُ في الخرائبِ ما بعدَنا

لا مكان هنا للفراشة في طفلة فقدت قدميها

ولا للحبيب ليقتلَه الحبُّ، لا الطائراتُ،

ولا للقصيدةِ تزهو بشاعرها وهو يكتب «عشْ أنتَ حين أموتُ لتروي الحكاية»*

لا بحر للطير أو للحبيبةْ

---

* البيت للشاعر الفلسطيني رفعت العرعير، الشهيد في غارة إسرائيلية يوم 6 ديسمبر 2023.

مريم غــزة

والسّماء أدارتْ لنا ظهرها كالبلاد الغريبةْ

السلامُ على الأرض ليس لنا

السّلامُ لغيري وغير صغاري

وللصّمتِ بعدَ مجازرِنا

وللصّمتِ قبلَ مجازرِنا

وللصّمتِ بين مجازرِنا

وللصّمتِ إن نحنُ كنّا صرَخْنا

وللصّمتِ إن نحنُ كنّا صمَتْنا

وللصّوتِ حين يشيرُ إلينا:

اقتلوهمْ، وبالصّمتِ يَقتُلُنا

السّلام على الأرض ليس لنا

إنّه للطغاة وللرؤساءِ الديوكِ وكل الجيوش الغُبار

إنّه للدّمار وأشباهِ من يَقتلونَ الصّغارَ على الأرضِ...

أو يَقتلونَ الكبارْ

إنّه للجنودِ ومن يَحشُرونَ المدى في القيودْ

ومن يَسفِكونَ الدّماءَ ومن يَكرهونَ الشّهيدَ ومن

يَقتُلونَ الشّهودْ

السّلام لطاغيةٍ ههنا...

والسّلام لطاغيةٍ ههناكْ

لذيول النباح هنا... وهنا

ولكل فحيح السلاحِ هناكْ

والسّلام لمن يفقأ الآنَ عينيَّ كي لا أراكْ

إلهيَ خُذْ كلَّ شيءٍ ودَعْنا قريبينَ من بحرِنا ههنا ومقابرِ أحبابِنا

ههنا ومنازلِنا

لن نغيب، سنبقى قريبينَ...

تأخذُنا إن أردتَ.. وتتركُنا إن أردتَ

متى شئتَ أو كيفما شئتَ

لسنا بعيدينَ عن عينِ قلبكَ

أوْ.. إلهيَ كنْ سُوَرَنا لن نفرَّ -إذا هبطَ الليلُ- من موتِنا

إلهي سنبقى بأبوابِ روحكَ:

أعني الكنيسةَ، والمسجدَ، البحرَ

أعني الترابَ وأعني النخيلَ

وأعني الحياةَ إذا ظلَّ فيها حياةٌ هنا

أوْ... إلهيَ خذْنا ودَعْ ههنا بعض أرواحِنا

قربَ ما قد تبقّى لنا من بيوتٍ ومن عتباتٍ كأشلائِنا

فالسّلام على الأرض ليس لنا

السلام الذي نشتهي، ونحبُّ، ونحلَمُ، نشتاقُ... ليس لنا

السلامُ البسيطُ كدمعةِ أُمّيَ في العرسِ والحزنِ ليس لنا

السّلام الذي كجناحٍ يطيرُ

السّلام الذي كجناحٍ يحطُّ

مريم غـزة

السّلام الجميلُ كأغنيةٍ

والسّلام الأليفُ كضحكتنا

والسّلام الأليفُ كقطتِنا قبل أن يقتلوها

إلهيَ لكنها منذ ماتت تجوع تموءُ تحنُّ تهرُّ ومن غرفة في الشمال

إلى خيمة في الجنوب تتابعُنا

السلام على الأرضِ ليس لنا

لا لغزةَ إن فرحتْ بالربيع كأطفالنا

أو لعكا التي سهرتْ ألفَ عام لتحرسَنا مثلَ جدَّاتنا

أو ليافا الجميلةِ

أو ليسوعَ الذي قام من دمِنا، ثم من لحمنا، ثم من أرضنا وقياماتنا

السّلام على الأرض ليس لنا أو لقُدْسكَ عاليةً بالنبيِّ وقرآننا.

السلام على الأرضِ ليس لنا

السّلام على الأرض لي يا إلهيَ.. لي ثم لكْ

للفَراش الذي يتنقّل بين أصابع أبناء روحيَ مُذ صعدوا للسماء إليك

ولم يبق لي من بقاء هنا غيرُ أشلائهم

ونهارٍ يئنُّ وريشِ حمَامٍ على العتباتِ وأسمائهم.

أصابعُهم شمس هذا الفراش وجرحُ المدى

لم أقُلْ للفَراش هنا أي شيء

تركتُ الفراش كروحي يرفرف بين أصابعهم ويسافرُ بين

الرّمادِ وبين النّدى

سأغنّي لهم باسم عشرينَ ألفًا... ثلاثين...

قاموا على أرضنا

لن أقول: السّلام لمن يَقتُلون ومن يَقلعُون ومن يَحرقونَ

السّلامُ على الأرض كان لنا قبْلَهم ههنا...

والسلام على الأرض يبقى لنا بعدَهم ههنا...

السّلام لنا

السلام لنا

إبراهيم نصر الله